改訂新版

子どもをインターナショナルスクールに入れたいと思ったときに読む本

平田久子 著

コスモピア

はじめに

この本を手に取ってくださり、ありがとうございます。どのようなお気持ちでご覧になってくださったのでしょうか。

インターナショナルスクール教育は
期待できそう。
面白そう。

だから
子どもをインターナショナルスクールに入れたい。
入れてもいいなと思うことがある。

けれど
インターナショナルスクールは

入るのが大変そう。
入ってからも大変そう。
お金がかかりそう。
感覚が違っていそう。

こんな感じでしょうか。

世の中のグローバル化が急ピッチで進み続ける今、我が国の教育制度に十分な満足感を得ている日本人はどのくらいいるだろうか、と考えてしまいます。「没個性」「暗記ばかり」「受験のための勉強」「国際的視野の欠落」といった不満が解消されないままバブルやポストバブルといった時期を過ぎ、鳴物入りで導入された「ゆとり教育」が方向転換させられた結果、「将来を担う子どもにどのような教育を与えたらいいのか」との疑問に直面した大人たちが、インターナショナルスクールという特殊な選択肢に目を向けるのは、自然な成り行きなのかもしれません。

多文化の集合体であるインターナショナルスクールは、通常の教科を英語で生徒に教えるとともに、個々の違いやその文化の違いを尊重する、自己をきちんと主張する、自分の行動に責任を持つ、といった理念を身につけさせる指導で知られています。毎日たくさんの宿題を課しはしますが、「右へならえ」の概念も、暗記力のみが勝負の試験もありません。

だからって、実際はどうなのよ？　の疑問は解消しませんよね。

いろいろとあるのです。まあ、いろいろ不思議な現象が。「素晴らしい！」と胸がきゅんとすることや、「いいね！」とにやけることや、でも時には「はああ？」と引いてしまうことも。

「人は人、自分は自分」というまったくありがたいはずの理念も、時には「そんな冷たいことおっしゃらずに……」といった嘆きの対象にもなり得ます。

上の子を二歳でプリスクールに入れた後、私のインターナショナルスクール体験は十八年におよびました。高校・大学とアメリカ留学を経験し、そこそこの英語力がありましたので、「何とかなるだろう、何とかなりますように」と念じながらのインターナショナルスクール社会への参入でしたが、蓋を開けてみればサプライズの連続ばかり、「何とかせねば」と焦る日々を過ごす羽目になったのでした。

子どもたちも無事卒業し、元保護者という立場になって早幾年、インターナショナスクールについて、その素晴らしさや懐の深さだけでなく、「そりゃないでしょ」と考え込むような点をご紹介するのも悪くないと思い、この本を上梓いたしました。

拙い内容ではございますが、ああだこうだ思いを巡らせながらお読みいただけたなら、誠にありがたく存じます。

注1・日本国内には英語以外の言語で運営されている外国人のための学校もありますが、この本では英語で運営されている学校に限定して、その情報や体験談をご紹介いたします。

注2・この本には学校や民間の組織が具体名をあげて紹介されていますが、筆者およびコスモピア株式会社はそれらの団体との間に協賛や支援という関係はありません。

目次

第1章

まずはかっちりと基本情報

インターナショナルスクールの得意技

インターナショナルスクールって、良さそうに見えますよね。「独創的」「イケてる」など、いろいろな表現が浮かぶのでしょう。端から眺めていると、インターナショナルスクールの教育はとても魅力的に見えます。思わず子どもに受験させてみたくなるのではないでしょうか。

どのスクールもできるだけ少人数制をとろうとしていますので、どんなに大きなクラスでも生徒は二十五人といった程度、二十人以下というクラスサイズもあります（文科省資料によると、日本の小中学校の上限は四十名、高校の標準は四十名）。当然、先生と生徒の密接度は高くなりますから、良きにつけ悪きにつけ素行に変化があれば、学校側は必ず早期に気づきます。

「インターナショナルスクールを最も魅力的に見せている要素」をリストアップしてみました。

一、考える教育
二、発信力

三、個性を重んずるという意識

インターナショナルスクールにおいては、日本式の「座って先生の講義を聴き、ノートをとって記憶する」といったやり方は多数ある中のひとつの学習法であり、それと併行して、ディスカッションやプレゼンテーション、グループプロジェクトなどが頻繁に行われます。「二対二で向かい合った形の四つの机の塊」が点在していたり、全部の机でひとつの馬蹄形をなしているといった教室のレイアウトは、コミュニケーションが多方向で交差することの証しです。

そのような発信力を高める教育は、教室にいる仲間たちをどしどし巻き込みます。うまくやってのければ鼻高々ですが、失敗はいやでも露見します。クラスメイトの失態を対岸の火事と眺めるのは楽観し過ぎというもの。明日は我が身です。自分だって必ずやってしまいます。それでもおじけづきはしません。失敗は必ずや糧となり成長を促してくれる、と生徒たちは教え込まれています。

「コミュニケーション能力において、日本人の生徒は外国人生徒に追いつかないままでは？」との心配は無用です。どの国の出身であろうと、若いうちから訓練を受ければ、必ず上手になって行くものです。

世の中を見渡せば、人々の暮らし方は実に多様性に満ちています。食事をする道具ひとつとっても、二歳や三歳から箸の使い方を覚える民族がいる一方、箸を持つという経験をせずに生涯を終える人もいくらもいます。「深いお辞儀を繰り返す」という行為を丁寧ととらえるか卑屈ととらえるかは、文化的な背景によりけりです。宗教観がからめば、価値観の違いは更に複雑化します。多民族の集合体であるインターナショナルスクールでは、「違うのが当たり前」が共通認識ですから、出る杭を見つけても、まずは静観。誰もいきなり叩きはしないものです。

とはいえ、インターナショナルスクールだって夢の花園ではありません。「まいっちゃうなあ」と思うことも多々経験します。「隣の芝生は青いもの」とはよく言ったもので、運良くインターナショナルスクールに入れたとしても、時には「普通の日本の学校に通わせていたら、こんな苦労はしないのに」なんて肩を落とすこともあるのです。

ここで述べた話が実際にどんなことなのかは、これからたっぷりご紹介いたします。

インターナショナルスクールの構造

●インターナショナルスクールは各種学校

インターナショナルスクールは、日本に住む外国人の子どもを教育するために設立された学校です。一八七二年（明治五年）に、横浜市山手にサンモール（Saint Maur）インターナショナルスクールが創立されてから、全国各地でいくつもの学校が後に続きました。

戦後間もない一九四九年（昭和二十四年）、「これからの時代は日本人の国際化が必要とされる」との考えから、東京都港区に西町スクール（後年、西町インターナショナルスクールに改名）が創設されました。「外国人と日本人を一緒に育てる学校」の誕生です。平成の時代になって、同様の使命を抱く学校がいくつも新規に開校し、現在に至ります。

つまり一口にインターナショナルスクールといっても、運営理念は二種類に分かれています。

その一、外国人の子どもを教育するのが使命　日本人枠も設けている
その二、外国人の子どもと日本人の子どもを一緒に教育するのが使命

両者を比較すると、前者は日本人生徒に対し「自力で頑張ってついてきてよ」との要求度が高く、後者は「学校主導で育てなければ」との意識が強め、といった傾向があります。保護者対応についても、そのような差異がみられがちです。これらの点については、もともと創設の理念が異なっている、と理解する必要があります。日本人家庭に対し「冷たい」「優しい」、日本語教育に対し「熱心さに欠ける」「手厚い」、と評価するのは誤りです。

日本国において、インターナショナルスクールは「各種学校」という扱いです。日本の小学校六年間、中学校三年間にあたるカリキュラムを全部修了しても、義務教育を終えたとの認定は受けられません。近年は「一条校」、つまり日本の通常の学校のステイタスを与えているインターナショナルスクールが発足し、多少事情が変わりつつありますが、その数は極端に少ないというのが現状です。

アメリカンスクール、ブリティッシュスクール、カナディアンアカデミーのように、学校名

に国名が含まれていても、その名前の国の政府から認可や助成を受けている学校であるとは限りませんが、カリキュラムは概ねその国のものが導入されています。「サン○○」「セント○○」「クリスチャン」といった名前の学校はカトリックやプロテスタント系の団体が運営していますので、学校生活の中にキリスト教の教育や行事が組み込まれます。

インターナショナルスクールを大まかにレベル分けすると、以下のようになります。

■**プリスクール　Pre-school**　一～五歳までの、就学前の年齢の子どもが通う施設　六歳児を受け入るところもあります

■**キンダーガーテン　Kindergarten**　幼稚園（一年制）：五～六歳の子どものための幼稚園　日本の「年長組」を指します。上級の学校と繋がった付属幼稚園が主です

■**小学校　Elementary School, Primary School**　小学校一～五年生

■**中学校　Middle School**　中学校六～八年生

■**高校　High School**　高校九～十二年生

すべての学校で日本語の教育が行われますが、全学年に必修科目を課しているとは限りませ

ん。小学生では必修科目、中学生高校生は選択科目になるというケースも多く見られます。必修であれ選択であれ、学習内容や方針は学校によって大きく異なります。

どの学校もクラブや運動部があり、合唱会、社会科見学、修学旅行といったプログラムを設けています。日本の運動会を模した行事を開催する学校もあります。年に一回はバザーなどのイベントを催し、一般の人々を学内に招き入れる機会を持ちます。非公開で餅つきや節分の豆まき、雛祭り、といった行事を組み込んだり、音楽の授業で和太鼓やお琴を教えたりと、日本の文化を経験させる機会は思いのほか多く見受けられます。

●生徒たちのバックグラウンド

インターナショナルスクールの生徒たちの出身家庭は、「海外駐在員の外国人」「海外駐在員ではない外国人」「日本人」の三種類に分かれます。

駐在員は、日本以外の国をベースにしている組織（主に企業か大使館といった政府系の組織）によって、「○年○月から△年△月まで」との契約のもと、日本に派遣されてきます。家族持ちであれば、家族を連れて来日します。夫婦のうちの男性が任務を受ける例が大多数ですが、奥さんが海外駐在の辞令を受け、ご主人が同行するというケースもそう珍しくはありません。

派遣する側とされる側の間で交わされた契約書には、駐在の期間や身分、待遇、外地手当を含む報酬額（外貨建てもしくは円建て）や有給休暇の日数といった本人に与えられる条件のみならず、日本滞在中の家賃の補助額、家族全員の里帰りの費用、子どもの学費の供与といった家族のための支出も記されます（日本人が駐在員として諸外国に派遣される場合も同様）。

所属先の事情や組織内での身分や地位により待遇にはばらつきがあるものですが、一般的に駐在員は経済的に大変恵まれています。自宅の広さは二百五十平米かそれ以上、家族全員での里帰りはビジネスクラスで飛ぶというのは普通ですが、なかには運転手がつく、自宅の公共料金の支払いも会社が負担する、といった厚待遇を受ける家庭もあります。

外交官および大使館がらみの任務につく駐在員には、所属の大使館から様々な便宜が与えられます。アメリカ大使館員を例にとれば、駐車場付きマンションが提供される他、大使館員専用のスーパーマーケット、託児所、テニスコートやプールなどの福利厚生施設が使用できます。

「駐在員ではない外国人」とはその名の通りで、海外の所属組織から日本へ送られた駐在員以外の外国人を指します。旅行者や留学生、もしくは駐在員として来日しそのまま住み着いた人や、明治・大正期に貿易商の先祖が日本に移住して以来、自分は○代目という人もいます。在日中国人・韓国人と呼ばれる人々もこのグループに属します。富裕層とも呼べる、駐在員と変わらないステイタスを誇る家庭から、奨学金に頼りながら家計をやりくりする家庭まで、非駐在員の外国人家庭の暮らしぶりは多様です。

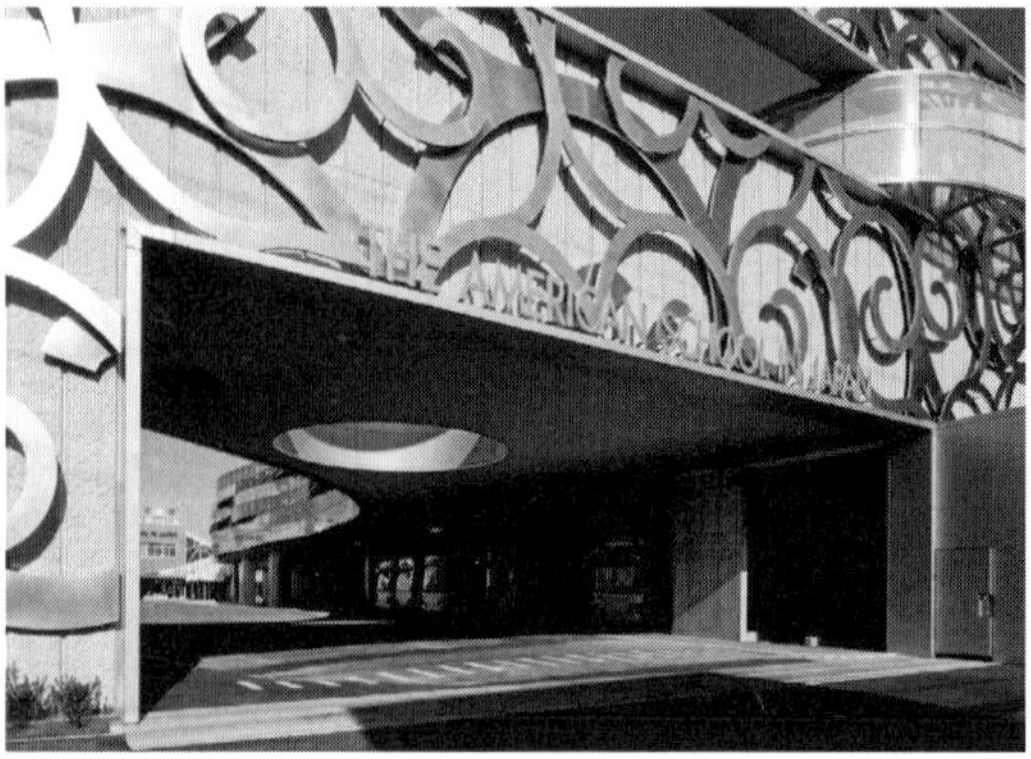

モダンなデザインの正門（アメリカンスクールインジャパン）

ご存じの通り、日本国内には米軍基地がいくつも存在します。基地内には保育所から高校まで揃っていますので、基地に所属のアメリカ兵の子どもたちは、原則として基地内の学校に通います。一般人と一緒にインターナショナルスクールに通うケースもありますが、少数に限られます。

インターナショナルスクールに子どもを通わせる日本人の場合、高額な学費を自己負担する必要がありますので、世帯主の職業は弁護士、開業医といった専門職の自営業者に偏りがちです。芸能人の子どもが多く通っていることは、よく知られている事実です。少数ながら、海外の企業に所属し、駐在員の立場で日本へ赴任する日本人もいます。彼らは「海外駐在員とその家族」という扱いなので、所属の企業から学費や家賃の補助を受けて生活します。インターナショナルスクールの保護者の中には海外からの帰国子女も含まれますが、大多数ではありません。暮らしぶり同様、日本人保護者たちの英語力も実に多様です。

●転入・転出

インターナショナルスクールは、生徒の転入・転出が目立って多い学校です。海外から派遣される駐在員は、二年、三年といった契約で来日しますので、勤務地が変わるたびに子どもが出入りすることになるのです。選択肢が複数ある地域では、「学校との相性」「カリキュラムの好み」といった理由で、生徒（駐在員家庭とは限らない）がインターナショナルスクール間で転校するケースも見られます。大多数の家族が新学期に転入、年度末に転出という形を希望しますが、企業や家庭の事情もからみますので、学年の途中での移動も起こりえます。

転校が多いということは、人種のばらつきだけではなく、男女比もクラス内で不均衡になる可能性があるということです。極端なケースでは男女比が三対一、四対一といった事態になる場合もありますが、それは仕方がないと覚悟しなければいけません。学校側としてはこのような不均衡は是非避けたいところですが、自力ではなかなか解決策が打ち出せないというのが実情です。

●教職員たち

先生たちの多くは、アメリカ、カナダ、イギリス、オーストラリア、ニュージーランドといった国々の出身です。日本語の先生は日本人がつとめます。教育学を習得した人物であれば、どこの国の出身者であれ（日本人も含め）、教科の担当や担任の教師をつとめることが認められています。外国語の授業のために雇われている日本人や中国人、スペイン人といった先生たちの英語力は、高かったりそうでもなかったり、ばらつきがあるのが普通です。

アメリカンスクールだから先生は一〇〇％アメリカ人とは限らず、他の国籍を持つ方もいます。英語の発音がアメリカ式と異なることがあっても、そのような相違は問題なしと判断されます。ブリティッシュスクールにおいても同様です。

夫（妻）が海外駐在員として来日したので、教員免許を持っている自分も教師として働くというケースも見られます。フルタイムもしくは「サブスティテュート」と呼ばれる代理要員として働きます。職種によって、ネイティブレベルの日本語力や法律の理解力が必要とされますので、インターナショナルスクールで働く職員の中には日本人が多く含まれます。

●年間スケジュール

近年はインターナショナルスクールも多様化の時代で、年間スケジュールひとつ取っても、一括りに説明するのは難しくなりました。以下は、「概ねこのような感じ」とお受け止めください。

八月末　新学期開始　新入生歓迎行事　学年別説明会
十月十一月　バザーといった一般公開行事（秋でなければ春に）
十二月中旬　合唱会　冬休み開始　（三週間程度）

一月上旬　授業再開　入学考査の実施
二月　スキープログラム（行うのであれば）
三月下旬　春休み　（一、二週間）
四月五月　運動会や学習発表会
六月上旬〜中旬　全行程終了・卒業式

年間を通して、大小様々な規模の災害避難訓練が行われます。

サマースクールの開催は学校によってまちまちです。自校の生徒に限定せず、よその生徒を受け入れる学校も存在します。自由参加が原則ですが、生徒によっては、英語力の補強という名目で、参加を義務付けられることがあります。

インターナショナルスクールは必ずしも日本の祝日を休日とみなしているわけではなく、通常の登校日扱いにしているケースも多く見られます。祝日に面談や発表会を設ける学校もあります。ゴールデンウィークも、部分的に休んだり全部が登校日だったりと、学校によって年度によって違いがあります。

国籍と言語比率について

基本的に、「インターナショナルスクールは外国人のための学校」という位置づけですが、近年では日本人との共存を使命とする学校も増え、日本人の学生数は飛躍的に伸びています。とはいえ、偏りが学習のさまたげにならないように、どの学校も人種の比率には注意を払わなければいけません。いくら日本人からの申し込みが殺到しているからといって、日本人ばかりを受け入れ、外国人が入りにくくなっては本末転倒です。それに、日本人が大多数を占めてしまうと、効率よく英語で授業が進めにくくなってしまうからです。

インターナショナルスクールの特徴として、「景気や国の動向が入学者数と連動する」という点があげられます。日本の景気が良ければ海外からの駐在員が増え、後退すれば数が減少するという現象です。学費を自己負担する外国人家庭や日本人家庭の入学希望者数にも、同様の傾向が見られます。

バブル経済が華々しかったころ（一九八六～九一年ごろ）、インターナショナルスクールはどこも超満杯でした。外資系の企業、特に金融系の会社はこぞって日本国内のオフィスを拡大もしくは新規開設したため、日本に送り込まれる外国人駐在員家族の数は激増し、「ここは別名〇〇〇証券スクール」といったブラックジョークがまかり通ったものでした。空きがなければ入学はできない、教室がなければクラスを増やせないわけで、三人のきょうだいが全員別々の学校へ行くことになるといった悲劇が起こることもざらでした。そしてその空席待ちを巡る騒動は、多くの学校で「日本人生徒を入れる余地はない」といった現象を招いたのでした。

バブル崩壊後、外資系企業の多くが事業を縮小・移転し駐在員の数が減少すると、外国人は学校の選択が楽になり、日本人に対する門戸も広がりました。それは双方にとって朗報でしたが、リーマンショック（二〇〇八年）と東日本大震災（二〇一一年）を経験した後は、外国人家族の数が大幅に減少してしまい、多くの学校は生徒数の確保に苦しみ始めました。たとえ日本人の申し込み数は増加傾向であっても、言語的比率を考慮しなければいけない立場としては、日本人生徒ばかりを増やすわけにはいかないのです。

そしてバブルのころから顕著になったのは、ハーフと呼ばれる子どもたちの増加です。この時期から、日本に送り込まれる駐在員の中に「父親は外国人で母親が日本人」という家庭がぐんと増えました。
夫が外国人でも妻が日本人であれば、日本での暮らしに助けがいらない、言葉に困らないとなれば、企業にとって誠に良いことずくめです。しかしそのような駐在員家族の増加は、インターナショナルスクールの人種分布を変化させてしまいました。

子どもは幼い時期ほど母親に密着して生活しているものですから、この類の家庭（夫外国人・妻日本人）の子どもの日本語の能力は極めて高いというケースが圧倒的です。実際にどの学校にも、「国籍は外国だけれど、日本人の母親のおかげで日本語力はネイティブ並み」の生徒が多く在籍しています。

このような子どもたちが増加したため、言語的分布を重んずる学校は、より神経質に日本人生徒の数をコントロールせざるを得なくなりました。外国籍でありながらもインターナショナルスクール内での日本人枠に食い込む子どもの存在は、ただでさえ熾烈な競争を強いられている日本人入学希望者にとって、ひどく頭の痛い話になっています。

東日本大震災から幾年も経ち、外国人駐在員の数は持ち直しつつありますが、アジアの中での我が国の立ち位置にもいろいろ事情があるようで、今後外国人の数が伸び続けるかどうかはわからないところです。国内での人気が高まり続ける一方で、インターナショナルスクールの運営はなかなか難しそうです

中学部校舎から見た中庭（西町インターナショナルスクール）

一日の過ごし方

インターナショナルスクールの朝は比較的早く、幼稚園でも八時台から始まります。小学生の子どもたちの送り迎えをする親は多いですし、スクールバスがある場合は幼稚園だけ別途に扱うわけにはいきませんので、全員一緒にスタートを切るのが学校にとっても家庭にとっても好都合なのです。

日本の学校では授業の前後にチャイムが鳴るのが常識ですが、インターナショナルスクールではそうとは言い切れません。チャイムが鳴るところもあれば、チャイムそのものが存在しない学校もあります。

日本の朝礼にあたるものは「アッセンブリー」と呼ばれます。行われるのは、毎日とも朝一番とも限りません。キリスト教系の学校では、一日の開始時にお祈りの時間を設けているところもあります。

校庭が小さい場合、身体のサイズが様々に異なる生徒たちを大勢で一斉に遊ばせてしまっては危険なので、屋上に遊べるスペースを作る、休み時間を学年ごとにずらすといった配慮をしています。カフェテリアも同様で、学年ごとに時間をずらすことによって、混雑を緩和しています。つまり、同じ校内に居ながらも、学年に応じ「一時間目は△時△分まで」「◎時◎分から十五分の休み」「お昼ご飯は☆時から」と、異なる時間割をとっているということです。チャイムが鳴らない理由は、このあたりの事情と関連しているのです。

スクールバスが運行される学校に通っていても、バスに乗る乗らないは自由に選択できます。各バスには「バスモニター」と呼ばれるお世話焼き係が乗車して、生徒たちの安全を守り、トラブルに対応します。バスモニターは大人（保護者）とは限らず、高校生に報酬を払い、アルバイトのような扱いで担当させている学校もあります。モニターは皆厳選された人材で、救急の処置法など、必要とされる訓練を受けています。

朝は一様に八時や八時半スタート、そして幼稚園でも下校時間は午後二時過ぎ、小学校低学年でも三時過ぎに帰路につくというケースが標準的です。低学年にとっては、「インターナショナルスクール＝体力的にきつい学校」と言えるのかもしれません。

どの学校も放課後に文系、理系、運動系のクラブ活動といったものや、スカウト（カブ・ボーイ・ガール）や様々なボランティア活動の機会も設けています。

インターナショナルスクールは、大学全入を原則にかかげる進学校です。生徒たちには、低学年のころからたっぷり宿題が出されます。高校生ともなると、毎晩夜遅くまで机に縛りつけられます。

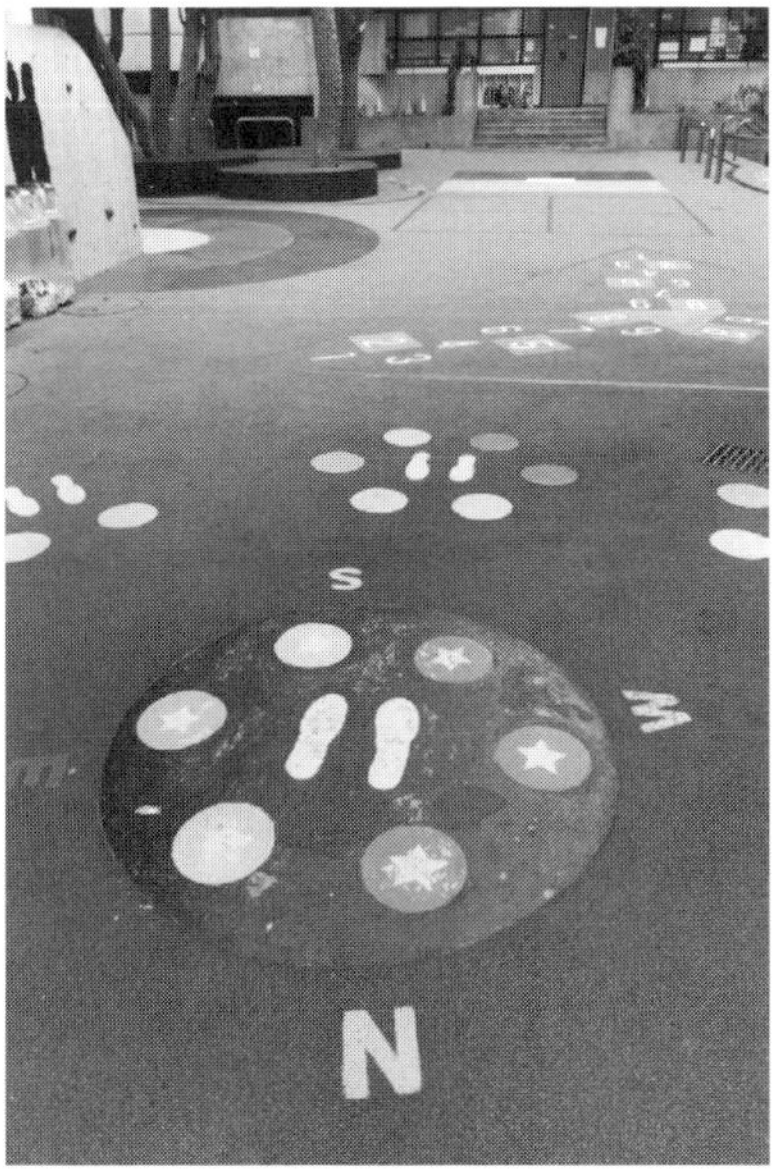

限られたスペースを有効にカラフルに（西町インターナショナルスクール）

学校での日本文化体験

「インターナショナルスクールに通学していると、日本の文化から完全に切り離されてしまうのでは」と思われがちですが、そうでもありません。様々な文化体験を織り込むよう、各学校とも工夫を凝らしています。

どのインターナショナルスクールでも、必ず日本語の教育を行います。能力によってレベル分けがされますので、日本に到着したての外国人と日本人家庭出身の日本人の生徒が、一緒に学ぶことはありません。各校とも、「日本人生徒はネイティブレベルに在籍のこと」という条件をつけています（転校生には例外もあり）。

音楽の授業の一環として和太鼓やお琴を必修にしている学校もありますし、日本語の授業で百人一首やお習字を教える、生け花や茶道の指導をするところもあります。さすがに百人一首は上級クラスのみで行われますが、生け花や茶道は英語を交えながら学べますし、お習字は平仮名や簡単な漢字を選んでもかまわないわけで、どの生徒も自分に相応しい学び方ができます。お正月明けに学校に行ったら、廊下一面に生徒たちの書き初めが貼り巡らされていた、という風景もごく普通に見られます。

どの学校もクラブ活動には、折紙、和太鼓、琴、狂言、剣道、空手、日本舞踊といった和のものも、必ず幾つか備えています。年中行事としてお餅つきを行う、節分に豆をまく、雛祭や端午の節句を祝う、校外学習として相撲部屋訪問、田植え、稲刈り、蕎麦打ちを行うといった、日本の学校顔負けの企画を組むところもあります。

日本の学校と姉妹校の関係を結んでいれば、運動会に参加する、給食やカフェテリアのテーブルを一緒に囲むといった体験を楽しみます。姉妹校同士での一泊のホームステイプログラムは、双方にとってプライスレスな文化体験です。

各学校とも、中学・高校ではいわゆる修学旅行を実施しています。箱根や京都・奈良といった観光地のほか、広島も人気の高い旅行先です。「多国籍の思春期世代が広島を訪れるなんて！」と眉をひそめる大人もいますが、子どもたちが感情をぶつけ合うといった衝突は、まず起こりません。むしろ、皆が当時の自国や他国の立場や国情を慮り、神妙に意見交換をするといった、かけがいのない機会が持てるようです。

地域密着型のボランティア活動（各学校とも授業の一環であったり、自由参加であったり）に参加の際は、孤児院や特別支援学校といった訪問先で、ささやかな文化交流を経験します。

保護者を対象に、茶道、書道、着物の着付、和太鼓といったお稽古ごとを定期的に開催する学校もあり、インターナショナルスクールでの日本文化体験は、実はなかなか豊富なのです。

2015年に開設したジャパンセンターの一室（アメリカンスクールインジャパン）

まずは筆に慣れてみる（横浜インターナショナルスクール）

第2章

入るための準備いろいろ

まずは家族の同意を

インターナショナルスクールに子どもを通わせるとすれば、どのレベルからスタートさせますか？　プリスクールでしょうか、幼稚園でしょうか？　どのレベルで終わらせますか？　プリスクールのみ？　小学校まで？　中学まで？　高校まで？

大学はどうしましょう？国内で進学？　それとも留学？　就職についてのビジョンはどのようなものですか？

インターナショナルスクールを単なる「英語で教えてくれる学校」と思っては、勘違いというものです。在籍する限りずっと、「多文化とのお付き合い」という大きな副産物がつきまといます。多文化とのお付き合いは、「こんな具合でよろしゅうございますね」といった確認だけで落着するものではなく、「先制攻撃を喰らわせますわよ」や「黙っていたあなたの負けです」といった、緊張感の応酬も含みます。想定外の出来事が続けば、「勘弁してよ」と泣きが入ることも。無理とわかっていても、「阿吽の呼吸で理解し合いませんか」なんて甘えを通したくなることだってあります。ですから、精神的負担、肉体的負担、経済的負担、どれをとってもこの社会はそれなり以上に大変と、覚悟をきめてほしいところです。後々後悔しないためにも、事前に家族間できちんとした見通しを立てておくのがよろしいです。

「入学前にすべての方針を決定しておく」とは頑なすぎです。その考えには賛同しません。長い年月が経つうちには、世の中の事情だけでなく、家族や子ども自身の意向も変わって行くものです。しかし、親の方針が劇的に二転三転してしまっては、子どもは大いに迷惑してしまうでしょう。入学を考慮するにあたり、ある程度の指針は作っておくのが賢明です。

当たり前のことですが、学校探しはぜひ慎重に。「インターナショナルスクールはどこも同じ」と思ったら大間違いです。地域によっては選択肢がいくつもありますから、各学校を調べて比較研究することを勧めます。選択肢がひとつしかないケースであれば、本当にその学校で満足なのか、冷静に時間をかけて考えることが大切です。インターナショナルスクールに通わせたいとの思いが募り過ぎると、良い点ばかりに注目し、好ましくない発見から目をそむけてしまうといった事態を起こしかねないので、要注意です。

情報は書籍やインターネットから集めることができます。けれど百聞は一見にしかず。学校見学は必須です。オープンスクールはもちろんのこと、バザーといった一般に公開されるイベントのときも、自由に学内を歩き回ることができます。在校生や卒業生本人たちやその家族とお近づきになれたら、その方たちからどしどしナマの声を聞けますね。体験談は貴重ですから、可能な限りたくさん集めたいところです。似通って見えていたインターナショナルスクールでも、よく調べると各校に特性があり、決して一様ではないと納得できるはずです。

幼稚園、小学校、それ以降と、長期間インターナショナルスクールに通わせるのであれば、夫婦間で「この子はやっていけそうか、自分たちは子どもを支えていけそうか」という議論を重ねておくことは必要です。そのあたりをあやふやにしたまま見切り発車してしまっては、後々厄介な面倒が起こりかねません。在学中にトラブルが生じた際、「私は反対だったのに、あなたが強引にこの子を入学させたのだ」と夫婦喧嘩を始めてしまっては、問題解決はおろか、今後の家族間の調和すら危ぶまれてしまいます。おじいちゃまやおばあちゃまが密に関わるようならば、事前に彼らにも納得しておいてもらうことを勧めます。

プリスクール探し

一般の日本人には不慣れな用語のひとつが「プリスクール」です。「保育園」と呼ばれたり、「幼稚園」と訳されたり、「じゃあ、キンダーガーテンとはどう違うの？」と疑問を持たれる、少々わかりづらい用語です。

欧米の学校制度において幼稚園はキンダーガーテンと呼ばれ、日本で言う「年長組」の一年制のプログラムを指します。それよりの前の、「年少組」「年中組」は、「プリスクール」（ナーサリーとも）という名称で呼ばれ、制度上は分けられています。「制度上」と称したのは、学校によっては幼稚園と続きの複数年制にしてしまい、「K３（ケイスリー）」「K４（ケイフォー）」と呼ぶこともありうるからです。数字は年齢を意味します。この呼び方を使用する場合、幼稚園は「K５（ケイファイブ）」と呼ばれます。

近年、全国各地にプリスクールがたくさん設立されました。一歳半や二歳から入園できるところ、六歳まで在籍可のところ、夜六時まで延長可というところ、親子参加型のところ、とメニューは多様です。大方は朝八時半過ぎといった早い時間に始まり、午後二時半や三時に終了します。インターナショナルスクールに通う上のきょうだいの送りお迎えに合わせられるよう、登下校の時間を設定するとの事情があるようです。

上の学校と繋がっている「付属校」のプリスクールは、その後、上の学校に入学が可能なケースがほとんどですから、必然的に入園考査には熾烈な競争が待っています。プリスクールのみの単独校でも人気が高ければそれなりの競争が起こりますが、付属校のような大変さはそうそうありません。空きさえあれば、年度途中からの入園も可能です。

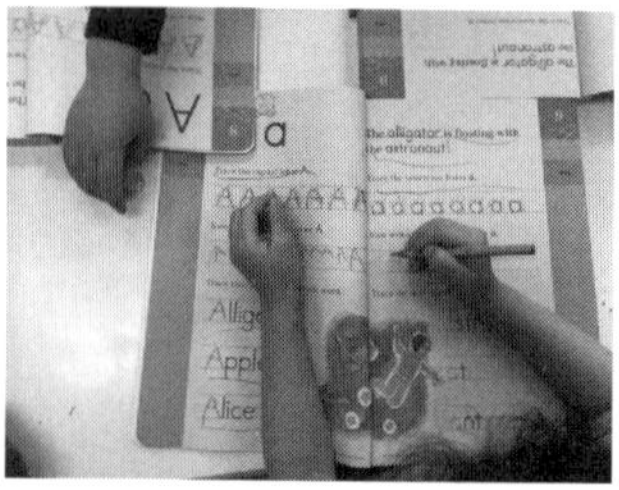
アルファベットのお勉強一日目（ピュアイングリッシュキンダーガーテン）

競争が激しいプリスクールは、独自の方針を立て、他校との相違点を実践しなければ生き残れません。「勉強優先」「勉強よりも遊び」「理系重視」「バイリンガル」など、スクールによって方針は多種多様です。後で後悔しないよう、ウェブサイトなどで集めた情報を鵜呑みにするだけではなく、可能な限り多面的に検証することを勧めます。プリスクーラーたちが公園で遊ぶ姿を眺めるだけでも、何かしらヒントを得られるかもしれません。ウェブサイト上に掲載されている情報でも、問い合わせてみると、「数年前はそうでしたが、現在はこの活動は行っていません」といった返答をされる場合もありますから、時間をかけるのが賢明です。

送り迎えの手間は毎日のことですから、プリスクール探しにおいて、ロケーションは重要です。上の子の学校との兼ね合いや自宅からの距離、道路事情や駐車の便利さ・不便さも大きな関心事です。

得てして世の中には、「○○プリスクールに入れておけば、△△インターナショナルスクールの受験に有利だ」といった噂が絶えないものです。しかし、それは都市伝説に過ぎないと覚えておきましょう。運営者に尋ねたところで、「そのような事実はありません」程度の答えが返ってくると心しておくのが妥当です。

いつから通わせるかという質問には、「個人差によります」としか答えられません。適応能力が高い子がいる一方、外国人の大人の顔を怖がる子もいれば、外国語に対して警戒心を抱く子もいます。

「語学を始めるのは早ければ早いほどいい、と言われているから」と、恐怖におののく子を無理やりプリスクール押し込んでしまっては、集団生活や英語に拒否反応を持たれるといった、修復に手間取る結果を招きかねません。プリスクールでの英語の修得に対し、親が過剰といえるほどの執着を抱いてしまうと、「自分とママ（とパパ）を引き裂く邪魔物は英語だ」と勘違いしてしまう子どもも現れます。もしくは、「英語さえしゃべれば、絶対的にママ(とパパ)に賞賛される」と認識してしまいかねません。両方のケースとも、ひどく残念な精神的ゆがみといえます。

入ってくる情報に一喜一憂せず、プリスクール選びも入園する時期も、じっくりと検討してください。考えあぐねているうちに入園時期が少々遅れたとしても、それが将来子どもの足を引っ張るなんてことには、決してならないのですから。

子どもたちが自由に触って楽しめる展示物コーナー（ピュアイングリッシュキンダーガーテン）

アートの時間、無事終了！（ウィローブルックインターナショナルスクール）

お受験塾 vs プリスクール

子どもをインターナショナルスクールに通わせたいと考える家族には、それなりの経済的余裕があるでしょうから、私立の学校に送るという選択肢を持っていても当然です。「インターナショナルスクールに不合格だった場合は、私立の学校に進ませたい」と望まれる方も少なくないと想像します。それはごく自然な考えであると思います。

では、子どもにどのような準備をさせるか、というのが課題になります。「両方のケースを想定して両方を準備させる」というのは、実は容易ではないからです。子どもの順応性は驚くほど高いと言われますが、それは誰にもどんなケースにも当てはまると楽観してよいわけではありません。私学合格のためのいわゆるお受験塾と、国際色を特性とするプリスクールの両方に通わせるというのは、幼い子どもにとって結構な負担になるものです。

お受験塾での指導は厳しいものです。勉強だけではなく、服装や言葉遣い、挨拶と行った行儀作法も日々細かくチェックされ、改まるまで繰り返し指導されます。お受験塾には入学試験に合格させるという使命があるのですから、仕方ありませんね。反論する余地はないという空気は、幼心にも伝わります。翻ってプリスクールはというと、全般的にゆったりとした構えです。行儀作法は遥かに緩やかですし、「ピンクのはっぱ」「あおいおひさま」といったお絵描きも許容されます。服装もまったく自由な上、お弁当と一緒にジュースやスナック類を持って行くことがＯＫだったりもします。そのような環境では、当然送り迎えのお母さんたちの態度にもゆとりがみられます。お受験塾とプリスクールの二者を比較して、これら一連のギャップは、子どもの目にどう映るのでしょうか。

両方を経験させたことで混乱を来してしまった子どもに、「すべてはあなたの将来のためだから」との理屈を説いても、受け入れてもらうのは難しそうです。

知り合いのＫちゃんは、外では大人しく、家では活発に動き発言するという、内弁慶な性格のお嬢ちゃんでした。「私学かインターナショナルスクールか」と進学先を悩み続けていたご両親は、Ｋちゃんに両方の準備をさせると決めました。月水金は塾に、火木はプリスクールへというスケジュールを組み、それに従わせました。その結果、四歳の彼女にはこのふたつの学校の文化的・言語的ギャップが「乗り越えられない壁」として立ちはだかり、大混乱を起こしてしまったのでした。その上、週のうち二日しか通わないプリスクールでは、お友だちを作るのも難しかったとか。年子のお兄ちゃんは普通の幼稚園に通っていましたから、Kちゃんは自分だけ英語の集団の中で苦労させられることに、納得がいかなかったのでしょう。なだめすかされながら塾とプリスクールの両方に通い続けた結果、ストレスは着々と募ってしまい、「英語は嫌い、絶対にしゃべらない」との宣言のもと、プリスクール登校拒否という結末を迎えてしまいました。

子どもはひとりひとり感性も家庭環境も違いますから、この時期の教育に関しては、「いろいろ考え、試してみるのがよろしいです」としか結論づけられません。心に留め置くべきは、「お受験塾とプリスクールの両立は容易ではない」という現実です。

私んちの場合①

初めの一歩

プリスクールという名称を初めて耳にしたのは一九八〇年代末期、バブル景気がかげりを見せ始めた頃でした。都心部に指で数えられる程度の数でしたが、少しずつ増えて行っているところでした。「お高くとまっている」という評価が一般的でした。

上の子（娘）が一歳半くらいになったある日、知人から勧められたプリスクールを訪問してみると、「お高くとまった感」はそう顕著でもなく、「硬いことは言いっこなしね」といった空気の方が遥かに優っているとの印象を受けました。堅実さと寛容さとのバランスがほど良いと感じ、「幼いうちに英語になじませておくのは好ましいな」とも思い、入園希望の意思表示をしました。後年、インターナショナルスクールで学ばせることになるとは、夢にも思っていませんでした。

この子がこのプリスクールに入園したのは、二歳の誕生日のわずか前でした。通園は週に二日ほど、八時半から十二時まで。スーパー社交的で物怖じすることを知らない子だったので、入園させて大丈夫と想像していたのに、最初の一、二ヶ月は毎朝大泣きされました。言葉がわからないとか母親と離されるのが嫌というより、歳上の男の子たちの威勢の良さが怖かったみたいでした。不安は杞憂と先生に諭されながら、おそるおそる踏み出して行きました。

このプリスクールは、今あちこちに見られるようなバイリンガルの方向性を既に取り入れていました。よそと比べると、学びより遊び重視だったようですが、我が家的にはそれでよし。自宅からの距離も人種の多様性も、申し分なし。留年の一年も含め（注・一一三ページを参照）長くお付き合いいただきました。

下の子（息子）がスタートを切ったプリスクールはユニークで、二歳半児クラスは火木の九時から十二時まで、三歳半児クラスは月水金の九時から二時まで、先生は二人だけ、両クラスとも定員は十二人でした。少人数の同い歳の子たちと過ごすうちに、極端に内向きだったこの子も、徐々に気持ちを外に向けるようになって行きました。ここに二年間お世話になった後、姉が通ったプリスクールで最後の一年を過ごしました。

思い出はいろいろありますが、特に懐かしく思い出すのは、年配の先生たちです。なかには孫を持つ方もいらっしゃいました。先生たちはどなたも寛容に接してくれましたが、年配の方々は年長者の余裕といった感じが顕著で、子育ての悩みで気落ちしたり、進路に迷ってしまったりの私にとって、非常に頼りになる存在でした。不安は杞憂と諭されながら、おそるおそる踏み出して行ったというのは、子どもも同じだったのではないのでしょうか。

プリスクールという社会進出は、子どもにとっての初めの一歩ととらえられがちですが、親にとっても初めの一歩なのですよね。

親の英語力

「インターナショナルスクールの親は皆、英語に堪能なのであろう」「親が英語に堪能でなければ、子どもは入れてもらえないのだろう」と一般の人々は想像しがちですが、案外そうとは限りません。「おぼつかなくて自信ゼロ」「間違いだらけでも威風堂々」「そこそこよりちょっと上で強気」「堪能で余裕」「天下御免のバイリンガル」など、なかなか多様というのが実情です。これは日本人に限らない話です。インターナショナルスクールには、英語が母語ではないヨーロッパ人やアジア人はもちろんのこと、アフリカや中近東出身の家族も在籍しています。

「親の英語力はなきゃないで何とかなりますか」という質問は極めて主観的ですから、答えるのは難しいですね。「そうだったり、そうでなかったり」としか返答できかねます。しかし、本音は「あったほうがいい」です。

親の英語力に対する期待度は学校によって異なりますから、一概に「この程度あれば大丈夫」という基準を示すことはできません。「英検○級」「ＴＯＥＦＬ・ＴＯＩＥＣ○○点」といったテスト結果はひとつの目安ではあるけれど、会話力やコミュニケーション力を反映しないものですよね。

学校からは書面での情報（プリントアウトされたものより、ネット上で読むものが圧倒的多数）がたくさん届きますから、読解力は極めて重要です。入学してすぐの時期であれば、「同級生のママの○○さんに確認すれば大丈夫」という甘えも許されましょうが、いつまで経っても初歩的な理解のままでいては、周囲のお仲間に迷惑がられてしまいます。

先生との連絡もＰＴＡや保護者間の連絡もメールでのやりとりが主流ですから、英語を書く力も大切です。「メールを書くのか」と困惑されるのかもしれません。けれど、電話で対応するよりメールの方がずっと気が楽でしょう。電話を通しての聴き取りは結構難しいし、誤解が生じやすいし、即座に返答しなければいけません。ゆっくり時間をかけられるメールは、電話より遥かにありがたいではありませんか。文法を過剰に気にするより、論点を簡潔に相手に伝えるよう、心がければよいのです。

親の語学力が最も必要とされる機会は、先生との面談と「お呼び出し」のふたつです。

どこの学校も、年に二、三度、面談日を設けています。日本語の先生と話す以外は、すべて英語で行われます。先生たちは、相手の理解度を探りながら、ゆっくりとわかりやすい言葉で説明してくれます。面談の内容は成績表の中身と決まっているのですから、事前に予習しておけば気楽に臨めます。

内容の深刻さと緊急性にもよりますが、多くの場合、呼び出しには「夫婦揃って」と学校は要求してきます。コミュニケーション能力の優劣はさておき、夫婦で対面するのが道理です。

会話の中の細かいニュアンスが拾えれば拾えただけ、ストレスの少ない協議が持てるものです。「通訳してくれる友人を誰か連れて行けばどうにかなるだろう」との見解は、少々甘いのかもしれません。言語というのは恐ろしいもので、単語の選択次第でニュアンスががらりと変化してしまいます。単純な例をあげれば、「あの人はデブだ」「太っている」「ふくよかだ」といった違いです。友人を通訳として同席させたとしても、プロのような仕事は望めませんし、発せられる英語を聞きながら、「そのニュアンスは間違っていて、私が強調したいのは○○という点です」と軌道修正ができればよいのですが、そうでなければ不安でしょう。観光客ではないのだから、翻訳アプリに頼りまくるのもねえ。

子どもをインターナショナルスクールに通わせたい、でも自分の英語力に自信が持てない、というのであれば、入る前でも入った後でも、英語の勉強にいそしむべきでしょう。「留学生ではなかったから」「不器用だから」「歳をとりすぎているから」と言い訳をせず、他人と自分を比較したりもせず、「君も頑張れ、親も頑張るぞ！」といった心意気を、ぜひ見せてほしいものです。

受験準備

一般的に、インターナショナルスクールの受験は、以下の様な段取りで行われます。

一、新学年募集の開始後、願書ほか必要書類をコンピューターからダウンロード
二、秋に、願書と推薦状といった必要書類（国籍を証明するものを含む）の提出
三、冬に、子どもの考査や保護者の面接
四、数週間後に、合否の通知

四月新学期校のスケジュールは、各校によって大きな差異が見られます。

新規の入学や転入に関し、「在校生のきょうだいや、卒業生、および過去の在校生の子どもには優先権を与える」と明言している学校も多くみられます。けれどこれはあくまでも優先であり、保証ではありません。

世間には入学を希望する子どもの判定材料についての情報が出回っています。学校のウェブサイトから、正式に発信されているものもあります。それらはおおよそ以下のようにまとめられます。

年齢相応の社会性や協調性があるか、英語で幾らかのコミュニケーションがとれるか（注・皆無でも可としている学校もあり）、母語が身についているか、という点が問われます。日本人受験者の場合、日本語能力を無視するわけにはいきません。人間には誰しも母語を軸にして考え行動するという基本姿勢がある以上、母語の語学力が著しく低いのはよろしくないと判断されます。「英語の習得は好ましいが、日本語をおろそかにしていいわけではない」と考えるのが妥当です。

保護者の面接も重要視されている点です。「最低でも片方の保護者は英語に堪能であること」との条件をつけていますが、この「堪能」がどの程度を意味するのかは、正直わからないところです。面接では「インターナショナルスクールを選択するのはなぜか」「どうしてこの学校か」といった質問は受けますから、事前に答えを用意しておくのが賢明です。夫婦で完璧にシンクロしなくてはと気張るより、自然体と平常心を心がけるのがよろしいようです。面接する側はその道のプロなのですから、される側が多少もたついてしまっても、文法が狂った英語を発しても、ストレートに不合格との判定に繋げはしません。自然体を保ち、自分の理念に沿った見解を述べるのが一番です。

インターナショナルスクールが嫌うのは、自国の言語や文化を軽視することであろうというのが、先人たちの見解です。あるいは、親が「英語さえマスターさせてもらえれば満足です、日本語の習得は不要です」「将来子どもにアメリカ暮らしをさせるのが、私たちの唯一の願いです」といった意志を抱くことです。どちらもいくらも実在した例です。家族間でこのあたりの話し合いが必要と思われる場合は、受験前に済ませておくことを勧めます。

義務教育の放棄

日本人にとって、インターナショナルスクールの小学校・中学校に通うとは「義務教育の放棄」とみなされる行為です。子どもをインターナショナルスクールに通わせたいと希望する方は、この点を認識しておくべきでしょう。

義務教育を受けないという行為は特殊ではあるものの、「親の転勤で海外暮らしが続き、ずっと居住地の学校に通った」という子どもと同じ状況です。だから、後々の進学や就職といった時点で、取り返しのつかない問題を抱え込むといった事態に発展することはありません。

インターナショナルスクール入学の前には、地元の教育委員会とのやりとりというステップが待っています。新一年生になる日本国籍の子どもには、地元の公立小学校から入学の手続きの書類が届きますよね。その公立校に行かないのであれば、代わりに選択した学校の名前を知らせます。その欄に私立や国立の学校名を書いて出しても波風は立ちませんが、インターナショナルスクールの名前を書いて提出した場合、受け取る教育委員会の反応によっては、多少の面倒が起こる可能性があります。

住んでいる区や市の教育委員会から、「どうして義務教育を放棄なさるとお決めになられましたか？」といった問い合わせの電話が来るのです（海外から帰国の小中学生がインターナショナルスクールに転入の際も同様）。通わせる側は憲法に明記された国民の義務を放棄するわけですから、電話の一本くらい仕方ないでしょう。放棄するのは新一年生。そう決意したのは当人ではないという事実は明らかですから、睨まれるのは当然保護者です

こちらとしては、「インターナショナルスクール通わせたいから通わせる」といった説明しかしようがないわけですが、それはつまり「国の方針には背を向けます」と表明しちゃうことなのです。困るのは、相手の反応が想像できないという事実。反応は「どこの自治体」「どの担当者」によって異なるのです。「ああそうですか」であっさり片付くケースもある一方、何回も粘られたり、「一筆書いていただきます」と迫られたり、「一度お目にかかってゆっくりお話し合いを」とお招きを頂戴してしまったりということも。

たとえ電話でのやりとりがこじれにこじれ、教育委員会に話し合いを持ちかけられたとして

も、その要求に法的な強制力はありません。インターナショナルスクールへの進学を断念させられたりもしませんので、心配は無用です。ただ、そこまでこじれてしまっては不愉快というものですね。そうした事態は回避するに限ります。

回避する秘訣は「のらりくらり」。こちらの論点を細かく声高に繰り返すのではなく、「通わせたいと思うから通わせることに決めました」といったことを、ずるずるゆるゆる繰り返すといった具合。昔も今も、そのやり方が圧倒的なもようです。

通わせる側に大仰な意志はないけれど、教育委員会側から見れば「国家への反逆」といった、可愛くない行動と映るのです。あちらの立場に立ってみると、それもそうかな、と考えることもできますが……。

晴れてインターナショナルスクールに進学が決まるまでには、このような教育委員会とのやりとりが待っているとご承知おきください。

注・近年では、インターナショナルスクールでも一条校（文科省認可）という学校も誕生しています。それらの学校に進学の場合は、ここに挙げた教育委員会とのやりとりは生じません。

私んちの場合②

算数くらい見てやれるはずが

子どもをインターナショナルスクールに入れようと考え始めた頃、しばし頭の中にくすぶり続けたのは、「必要に迫られた際、ちゃんと勉強を見てやれるだろうか」という疑問でした。私自身、高校と大学こそアメリカでしたけれど、欧米式の初等教育・中等教育は未知の世界。夫も元留学生でしたが、こちらは修士号の取得。う〜ん微妙。

インターナショナルスクールの教育理念には十分共鳴するけれど、今ひとつ不安を払拭し切れないでいた夫に、「理科なんて日本語でだって教えられないんだからさ」と逆ギレっぽい反論を唱え、「困った時が来たらその時考えればいいよ、算数くらいなら自分たちで教えられるだろうし」と結論づけ、子どもらを入学させてしまったのはこの私です。

それでどうなったかといえば、困った時が来ました、案外すぐに。

算数がわからない……、親たちも怪しい……

「言葉の壁は低いはずだから、算数や数学ならほいほい教えられるだろう」との予想は甘かったですね。小学校二年生程度のレベルで、あっさり裏切られてしまいました。欧米と日本では、計算式の組み立て方や考えるアプローチが結構違うのです。だから、日本の学校でのやり方しか理解していない親が手を差し伸べても、すぐさま結果を出すのは難しい。親が違いを認識し、対応しなければいけないのですが、それには英語力よりも数学のセンスが求められるのです。用語や言い方の違いだって軽視できません。分数を英語で表す場合、例えば「七分の三」と言う際は、「スリーオバーセブン」と、分子を先に分母を後に呼ぶのです。英語で数学を学んで以来ン十年経っているこちらとしては、わかってはいても口がついて行かないという悲しさ。こういった些細な違いはあちこちに点在するのですから、まあその面倒くささったら。

幸い夫は数学超得意人間でしたので、じっくり研究を続けた結果、上の子が学校で教わってくる特異な計算法やアプローチを理解できるようになりました。けれども困ったのは、教える時間を探すこと。帰宅時間が不規則な親が、早い時間に就寝する子どもにいつ教えるかは、終始難題であり続けました。眠い子どもに集中して勉強しろとは、無理な要求ですからね。翻って、夕方からずっと家に居る母親はろくに役に立たないという……。

反抗期にさしかかると、親子一緒に教科書を覗き込むなんて夢のまた夢、という空気感が漂い始めました。どこの家庭もそんなものですよね。

周囲からの助言を受け、家庭教師をつけることにしました。依頼したのは学校の学習内容に沿って英語で教えてくれる方ではなく、普通の日本の子どもたちの相手をされる方でした。この方にお願いしたのは、「母語である日本語を強化させることで、思考の組み立てを確立させる」という理由からです。子どもは二人とも、中学を終えるまでの長い間、日本語と算数・数学をみっちり教わりました。

英語で学んだ他の教科はどうであったかと言うと、つまるところ親は誠に非力でした。幸い、子どもたちが通っていた学校には、先生が生徒を追っかけ回すといった風潮がありましたので、二人ともしつこく追っかけ回していただきました。やれやれ、ありがたかったですねえ。

コラム

「インターナショナルスクールには行かせないけれど英語力は伸ばしてやりたい」という場合の選択肢

この本ではインターナショナルスクールの特異性を取り上げていますが、実際とても特殊な環境です。考えあぐねた末、「通わせたいけれど、子どもは日本の学校へ入れる」という結論を出される方は大変多いと想像します。「でも英語は伸ばしてやりたい、少しでもバイリンガルに近づけたい」と切に願うのは親心ですね。

「好きこそものの上手なれ」と言いますが、最も大切なポイントは、子どもを英語好きにさせるということです。この点さえおさえておけば、本格的な英語の勉強が少々遅くなったとしても、後年十分な成果を上げられると期待できます。

幼いころにプリスクールに通わせるのは、そのためのひとつの手段です。英語を好きにさせるのに長けているのは、何と言ってもプリスクールです。本人にどれだけの記憶が残るかは保証しかねますが、幼稚園の代わりにプリスクールを考慮されてはいかがでしょうか。その後、英語を積極的に教える小中学校に通わせれば、子どもの英語力アップに期待が持てるはずです。スーパーイングリッシュハイスクール他、英語でのインターナショナルバカロレア（詳しくは二五九ページを参照）のコースを設置している高校もあります。カリキュラムについていけるのであれば、その選択肢に挑戦してもよさそうです。

放課後のプログラムといえば英語塾と決まっていましたが、最近では英語の学童クラブも誕生しました。自宅で英会話のレッスンをオンラインで受けるというのも可能です。オンラインであれば、一年中どこにいても受講できます。

夏に海外のキャンプへ送るという案も賛成です。若くても、せいぜい小学校の高学年程度でしょうか。きょうだいや仲良しのお友だちと一緒であれば、精神的な負担もある程度は軽減されますね。「それでは頼り合って英語の習得にならない」と反対するより、気持ちを楽にさせてあげることを勧めます。

最近では、インターナショナルスクールの数の増加とともに、日本国内での夏の選択肢もぐっと増えました。有名なもののひとつは、アメリカンスクールインジャパン（東京都調布市）で長年続けられている、日本の学校に通う生徒向けの通いのプログラムです。期間は十日間。毎年定員いっぱいの参加者で賑わいます。もうひとつは、

コラム

千葉県南房総にある、外国人と日本人の子どもが一緒に集う「南房ディスカバリーキャンプ」。ここも英語力は不問。三泊四日と五泊六日のキャンプを運営するご夫婦（アメリカ人と日本人）は、お二人とも現役を退いたインターナショナルスクールの先生です。

こうしたプログラムは短期間ですし、長時間参加者たちを机にしばりつけておくわけではありませんから、英語の習得に期待し過ぎてはいけないのでしょう。「英語を楽しむ」「英語をしゃべる先生や仲間と一緒に過ごす」という経験が優先されるとご理解ください。

高校生や大学生には、海外のＥＦＬ（English as a Foreign Language）プログラム付きのサマースクールといった選択肢があります。三、四週間といったものであれば、それなりの成果が期待できます。

「日本の義務教育を修了させ、高校からＥＦＬ付きの学校に海外留学させる」「留学は大学生になってから」という選択も大変賢いです。但し、「本人の同意なしに無理やり送り込んでも、まともな結果は出せない」というのは、過去に何百何千という数の先人たちが証明している事実ですから、この点はしっかり見据えておくべきです。

コラム

後年、英語の習得に目覚めた時点になって初めて本腰を入れたとしても、手遅れと悲観するのは早計です。一定の年齢を越えてしまえば、発音だけは完璧にならないでしょう。しかし言葉とは、訛りなしにしゃべれば尊いというものではありません。求められているのは品位です。母語であれ外国語であれ、言葉は発する人物の思慮や見識の深浅を反映するものであり、訛りの有無で評価されるものではないのです。

第3章 がんばれ、親！

親の参加あれこれ

インターナショナルスクールでは、保護者（特に母親）がボランティアとして呼び集められる機会が、多く設けられています。語学力が不可欠な行事がある一方、そうでないものもありますから、様子を見極めながら参加します。職業を持っていて時間が割けない、幼い子どもがいて動きづらい、といった事情があれば、気軽に学校へお手伝いに行くのは難しいのかもしれません。無理のない範囲で参加すればよろしいのですから、心配は無用です。

そしてボランティア活動以外に、様々な社交の場も設けられています。親が招聘《しょうへい》される役目や行事は各学校によって異なりますが、主だったものをあげてみます。

一　外出の随行

遠足や社会科見学では幼稚園から三年生といったあたりの、泊まりの旅行では四・五年生あたりの世話をします。事前に学校が随行者募集の情報を流し、ボランティアを募ります。

二　読書の手伝い

読書のアシストが必要な生徒と組み、その子の読書の手助けをします（同じ組み合わせで長期プロジェクトになるケースも）。放課後の時間を使います。日本語力の強化が目的であれば、日本人保護者が担います。

三　発表会の鑑賞

発表会といっても、規模の大小やフォーマル度はおのおの違います。単独もしくは少人数でのプレゼンテーションの場合、個々の持ち時間は三分から五分程度、普段の教室内で行われます。大勢で大規模なのは、講堂や体育館で開かれる楽器の演奏会、合唱会やお芝居といったものです。運動会を開催する学校もあります。

四　スイーツの作成

学校全体または学年での行事のため、カップケーキやクッキーの依頼が舞い込みます。指定された日に学校へ自分で届けるか、子どもに持たせます。

五　試合のおやつの用意

運動部の試合の日に、全員分のおやつをチームメンバーの親が用意するという、「スナック当番」があります。手作りとの指示はなく、市販のものを持ち込むだけでも構いません。

六　ミュージカルやお芝居の手伝い

大仕掛なミュージカルやお芝居を開催する学校では、衣装製作や切符の販売といった部門での親の参加が求められます。

七　役員

インターナショナルスクールにもPTAという組織があり、様々な委員会が運営されています。PTA役員以外にも、クラスマザー、ルームペアレントと呼ばれる、学年・クラスの役員も選出されます。これらの責務につくには、それなりの英語力と身の軽さが必要です。

八　ファンドレーザーの運営・開催

ファンドレーザーとは「資金調達のための催し」を意味する言葉です。学校内でのファンドレーザーといえば、バザーで物品を売ったりパーティーを開いたりしてお金を集め、それをP

ＴＡ活動や学校施設の拡充の費用に充てるという寄付行為です。バザーは一般公開が原則で、週末に開催されます。日頃はお母さんたちばかりが活躍しがちですが、バザーではお父さんたちの参加も大いに目立ちます。フォーマルなディナーパーティーを開催する学校もあります。そこではオークションやラッフル（くじ）といった形式で、寄付金が集められます。

九　お茶の会・ランチ会

年に数回、ＰＴＡや学年の役員の主導で、親睦を目的とするお茶の会やランチが開かれます。学年のはじめに開催するのであれば転入生の保護者たちの紹介を、学年末であれば転出する保護者たちの慰労を、というニュアンスを含みます。手が空いていれば、担当の先生たちや校長・教頭先生が顔を出すこともあります。

どれも参加しないとの理由で、子どもや保護者の立場が悪くなるといった不都合が生じることはありません。けれど、学校内で相談相手を確保しておくことは絶対不可欠ですから、ママ友・パパ友と交流が深められる機会は、有効利用するに限ります。

慣れるが勝ち

慣れというのはありがたいもので、どんなサプライズやショックであっても、繰り返し経験すれば動揺しなくなるものです。お化け屋敷だって注射針だってそうでしょう。

「珍しいことといろいろあります」のインターナショナルスクールでも、入って五、六年も経てば、たいがいのことには怯まなくなるものです。

入学してすぐに直面するサプライズは、外国から日本に派遣された駐在員家族たちの暮らしぶりです。一等地に二百五十から三百平米といったマンションや一軒家を持ち（しかも庭付きだったり！）、買い物に掃除に料理に子守に八面六臂《はちめんろっぴ》の活躍をするメイドを毎日雇い、長期休暇の度に家族全員で海外旅行をしておきながら（しかも飛行機はビジネスクラス）、「日本での暮らしもいろいろ大変だわ」と言い放たれてしまっては、正直、日本側代表団は二の句が継げません。「それじゃあ、子どもは四年生にもなるのだから、たかが五百メートルの通学に送り迎えなさるのをお止めになったら？」と切り返したら、友好関係にひびが入るのは間違いなしですね。口をつぐむに限ります。

それにしても彼らの暮らしはうらやましい。あ〜、本当に本当にうらやましい。

平日の夕方、駐在員宅に遊びに行った自分の子どもを引き取りに行くとします。段取りとして、夜ご飯を作っておいた方がいいですね。置き去りにしてはまずい子どもがいれば、その子（たち）を連れてお迎えに行きます。小さい子だったら眠くてぐずったり、大きい子だったら今は宿題の途中だのお気に入りのテレビを中断させられるのは勘弁してくれといった文句が言い立てられるのでしょう。それらのメンツを問答無用とばかり、強制連行して目的地へ向かいます。

目指すは自宅よりゆうに二倍以上はあるご邸宅。迎える奥様は「よろしかったらおあがりなって、冷たいものか温かいものか、いかかが？」と余裕で挨拶。キッチンで料理に励むメイドに指図をして、お飲み物が到着。「子どもたちに解散の時間だと告げてちょうだい」とメイドに頼んだ後も、引き続きご自分はゆったり。「おもちゃで部屋が散らかり放題でしょう」と切り出せば、「大丈夫、後でメイドに片付けさせるから」とにこやかに一蹴。かくてリラックス感いっぱいの奥様としばし社交の後、プレイルーム（子ども部屋の他にこんな部屋があったり！）でお遊び中の我が子の手首をつかみ、先ほどのお宅より半分以下といったサイズの自宅に戻るわけです。

どの駐在員家庭も必ずこうではありませんが、まあ普通に遭遇する光景と覚悟するのがよろしいです。

結論……辛抱しましょう。このような光景に憤慨していては、インターナショナルスクールの保護者はつとまりません。幼き我が子に「いいなあ、あのおうち、僕たちもあんなのに引っ越そうよ」なんて言われた暁には血圧が一気に三百くらいまで上昇しそうですが、それも我慢。だって、「メイド付きの巨大ご邸宅訪問」を幾度も繰り返していると、いずれ感覚が麻痺し、なーんにも感じなくなる日が訪れるのです。

このあたりでストレスを溜めまくっていたら、この先外国人との親睦は深められないのでございます。だから、慣れちゃえ！

バースデーパーティーに挑む！

インターナショナルスクール社会に入り込んでの「びっくり」のもうひとつといえば、子どものバースデーパーティーです。バブル経済華やかりし頃は「とーんでもない豪華さ」でしたが、景気の減退を十二分に経験した後の現在では、かなり慎ましやかになりました。それでもなお、日本のスタンダードとは結構違います。

「子どもが幼い時期はパーティーが大きく派手になる」というのは、どこの国でも共通です。けれどインターの外国人の皆さまは規模が違う！ボーリング場の一角を借り切ってクラス全員（もしくはクラスの女子だけ・男子だけ）でボーリング大会、公立の児童館の体育館を借り切って大勢でバスケットボールゲーム、というあたりが、自宅以外の選択肢の例です。

自宅でパーティーを開く場合は、バルーンアーティストやマジシャンを雇い入れるといったお楽しみもあります。家の中にも庭にも大勢の子どもを遊ばせ走りまわせるスペースがいくらもありますから、かわいい息子や娘のためにこれをしようあれを呼ぼう、と親は考えるわけですね。リビングルームにずらりと寝袋を並べての、スリープオーバーと呼ばれるお泊まり会も人気です。金曜日の放課後に一斉に招待客が家に集まり、翌朝十時や十一時に解散といった趣向です。

外国人の中でも、アメリカの方は特にもてなし上手、企画上手が多いという印象です。凝りに凝った招待状から始まり、ケーキも、汽車ぽっぽ、うさちゃん、コンピューターといったものを作ったり（フードカラーリングというやつでバタークリームをどぎつく着色するという手法ですが、子どもたちには大受け）、「海賊たちの冒険」「お姫様たちのティーパーティー」といったテーマをつけたりと、気負わずぱっぱとアイディアを実践します。その上、遊ばせ上手なお父さんが加われば鬼に金棒。

私の友人は、小学校低学年の息子のために、家の近所の公園で宝探しパーティーを企画しました。公園内にチェックポイントを作って印をつけておき、それを二人一組に分けたゲストたちに探させ、ゴールへたどり着くと宝物が貰えるという趣向です。宝物が皆に平等に用意されているという気配りは、もちろん当たり前。この企画には、四歳年上のお兄ちゃんと同級生数人が、宝物ハンターたちの安全を確保する警備員として、雇い入れられていました。

ずばり、バースデーパーティーを開くとは、多くの日本人家族にとって苦戦とも言えるプロジェクトです。「苦戦」より「試練」に近いのか。本音をぶっちゃける非礼をお許しいただけるなら、日本のファミリーは「家は狭い、企画力は乏しい、お父さんは役に立たない」の三重苦……豪華にやろうってったって予算だって、うーん……それより英語力は大丈夫ですか？

取り巻く状況は不利と怯んでも、やはりパーティーをやることになるのです。

招待の不公平感を避けたいといった風潮もあり、近頃の日本の学校の保護者は、バースデーパーティーに腰が引け気味みたいですね。同様の空気は、インターナショナルスクール内にも確かにあります。けれどやはり、お友だちを招待してお祝いしてもらうのは、子どもにとって嬉しく誇らしい経験ですよね。一緒にわいわい遊ぶのが最大の目的なのですから、多少スペースが狭くても、たとえ目玉企画が思いつかなくても、気にせず同級生たちを自宅に招待してしまえ、というのが経験者たちの見解です。

大勢を招待するのも大変ですが、たくさんのパーティーに招待されるのも大変です。そこで喜ばれるのはジョイントパーティー。誕生日が近い仲間同士が二、三人でひとつのパーティーを開くという作戦です。主催側の労力は軽減されるし、招待される側も日程のやりくりやプレゼントを買う手間が楽になるわけで、なかなか良いことづくめ。

小学校高学年ともなれば、「仲良しの友人を三人だけ厳選して映画とピザとケーキ」といった企画も許され、親の負担はぐっと軽くなります。

負担といえば、プレゼントのお値段ですね。二〇一九年現在、小学生に贈る場合でもプレゼントは四千円から五千円と言われています。パーティーの主催側はお返しのプレゼントも用意する習慣ですが、こちらは一人あたり二千円が上限といったところ。人数が多ければ、それなりの金額になってしまいます。

そのような具合ですから、バースデーパーティーは「開く」というより「挑む」という感覚ですねえ。

日本語習得大作戦

言っちゃあなんですが、日本の学校に通う子どもたちが皆立派な日本語をマスターしているとは限らないという事実があるわけで、そう考えると、インターナショナルスクールでの日本語教育には大いに限界がある、と理解していただけますね。

当たり前のことで恐縮ですが、英語と日本語って、とんでもなく異質なものです。英語の一人称単数は「I」ひとつのみですが、日本語には性別や身分・地位ごとに表現が分かれ、「一体いくつありゃ気がすむんだ！」と叫びたくなるほどあります。英語は二十六文字しかないのに、文字も日本語には「一体いくつありゃ気がすむんだ！」と絶叫したくなるほどあります。長年日本に暮らしていても書けない字はいくらもあるとは、非漢字使用圏から見れば驚きですよね。敬語は敬語で複雑です。英語にも敬語的な表現はいくらもありますが、日本語の敬語は単語がまったく違ったりで、英語のそれとは比較にならないほど多様です。手紙の書き方も面倒です。日本人ときたら、季節の挨拶だの天気がどうのって、冒頭やしめくくりにいろいろ書かなきゃ気がすまない人々なんですもの。

日本人インターナショナルスクール生にとって、このような日本語の複雑さは、もろに学ぶ気を削ぎかねない要因となります。いつまで経っても親は英語の定冠詞「the」あたりで悶絶し続けるままですけれど、そんな技なんぞとっくに体得済みのあちらさんは、「それに比べて日本語の難しさよ」と嘆き、ふて腐れるわけです。

そして、彼らの口からはお決まりの一言が……「いーの、できなくても、僕（私）はどうせインターの子だから」。

いやいや、そう野放図にテンションを下げないでくださいな。あなた方は日本人なのですから、それじゃいかんのです。今はそれで逃げ切れても、将来必ず困る日が来るのですよ。

ではどうする？

家庭教師をつけるのは有効です。理想です。日本語をたたき込んでくれる先生を見つけ、たたき込んでいただく。

他の選択肢に目を向けると、子どもが幼いうちに「日本人オンリー集団」の中に突っ込むという手段は有効と断言します。公文といった塾はもちろんのこと、お稽古事であれば、リトルリーグでも合気道でもバレエでも合唱団でも結構。条件は「日本語で指導する、日本人のための集団」であること。

日本人のインターナショナルスクール生の中には、それなりの年齢になっても「少ししか歳が上でない相手にも敬語を使う」という習慣にまったく馴染めない子が存在します。学校外に日本人の友だちがなく、年上のいとこといった親戚もいなければ、そのように育ってしまうのです。

幼いうちに日本人の集団の中に送り込んでしまえば、あまりぎくしゃくすることなく日本的な価値観を身につけられるわけです。始めは多少違和感があっても、幾人か仲間ができれば継続の見込みは期待できるでしょう。そうなれば、自然な形で日本語力アップ！

我が家の場合、上の子の「日本の社会」は、プロテスタントの教会でした。ここで年下の面倒は見させられるわ、年上とは衝突するわ、戦前に教育を受けられたおじい様、おばあ様方から飛び切り美しい日本語で語り掛けられるわ、と良いことずくめな経験を積みました。引っ込み思案な下の子は、どう説得しても社会進出の場を広げようとはせず、稽古事も学校内でしか参加しないという始末。結局、無理に押しつけては逆効果と親は断念。けれども、家庭教師の先生の粘り強いご指導のおかげあって、この子の日本語もなんとか形になりました。

バイリンガルを育成するというプロセスにおいて、「片方の言語を伸ばすことはもう片方も伸ばすことである」という説が受け入れられています。私も散々先生たちや先輩ママたちにそう諭され、経験の浅い頃こそ「ふ～ん、そうかい」と懐疑的でしたけれど、長年経って、確かにその通りと納得しました。片方の言語に対して「受信アンテナ」の感度を上げるという行為は、もう片方の言語のアンテナも引き上げるのですね。たとえその二つの言語が全く異なるスタイルであっても。

代償は覚悟の上で

インターナショナルスクールに子どもを通わせるとは、日本の学校特有の面倒と関わらずにすむということですが、代償として、インターナショナルスクール特有の面倒を引き受けるという運命が待ち受けています。

日本の学校特有の面倒の第一は、保護者間、生徒間における横並び意識でしょう。変に突出した子どもであれば、いじめの対象になる心配が生じますし、大人は言動や服装はもちろんのこと、バッグや車といった持ち物も気にしてしまうところです。お弁当の内容も競争の対象になるのかもしれません。しかし、「人は人、自分は自分」の意識が強いインターナショナルスクールにおいて、このあたりの心配は大した意味を持ちません。

インターナショナルスクール特有の面倒と言えば、コミュニケーションです。ここでは、「阿吽の呼吸」も「お察しください」も通じないと覚悟することが大前提です。自分がどうしても主張しておきたいことや譲りたくないと思うことは、しかるべきタイミングで明解に表明しておかなくてはいけません。英語が不得手な日本人保護者に寛容な学校がある反面、そうでもない学校もありますから、後者の場合は特に頑張る必要があります。

そして何より、「子どもに日本語と英語をマスターさせる」という面倒が存在します。これを面倒と呼ぶのかどうかは議論が分かれるところですが、経験者として発言することをお許しいただければ、やはり面倒なわけです。なぜかと言えば、九九%、子どもは継続的な親の後押しなしでは、それなりレベルのバイリンガルに育ってはくれないのですから。

プリスクールといったあどけない時期こそ、子どもはすんなり右肩上がりに英語力を伸ばして行きますが、語彙の拡大とともにその成長は怪しくなります。「あの右肩上がりは何だったの？」と恨みたくなるような、停滞期とも呼べる時期も訪れます。英語の読解力が後れをとれば、授業内容を理解するという基本原則が揺らいでしまいますから、必然的に親は「英語力を向上せよ！」と躍起になります。しかし、英語力の向上に気を取られ過ぎてしまうと、日本語がおろそかになってしまうのです。

子どもをインターナショナルスクールに在籍させ続けるのであれば、こういったピンチで親が手を抜くことは許されません。早々に「日本語は最低限でいいことにしよう」と匙《さじ》を投げてしまうと、子どもは自動車教習所の講義についていけない、区役所や病院の申し込み用紙が書き込めない、取説も就職のウェブテストもよく理解できない、といった「お寒いバイリンガル」に育ってしまうこと確実です。

「大人になって恥をかきまくって、これではまずいと反省し、勉強に励む」という流れを否定しませんが、早期に親が「このパターンで結構です」と開き直ってしまっては、子どもがかわいそうです。自らの意志で子どもをインターナショナルスクールに入れたのですから、バイリンガルという目的達成のための後押しは親の責務。是が非でもやり遂げなければいけないとの覚悟が大切です。

「日本人だから駄目」と言うけれど

幼い頃、うちの娘はお醤油をどぼどぼ白いご飯にかけて食べるのが好きでした……正確を期すと、そうやって食べるという行為が好きでした。つまり、そうやって親をイラつかせて楽しんでいたのでした。

実際、一部の外国人の子どもはそうやって食べるのです。「マミー、ご飯にお醤油かけて！」「はーい、どーぞー」ってお母さんは無造作にどぼどぼっと、かけちゃうわけです。それをスプーンでぐいぐいっと混ぜて、ご飯がすっかり黒ずんだところで「はい、召し上がれ！」。外国人にしてみれば、塩気がないお肉や卵焼きにはお醤油をかけるのだから、白いご飯も同じでしょ、という理屈です。

外国人向けの日本文化の案内などには、「箸の使い方NG集」みたいなものは必ず載っていて、「箸から箸へ食べ物を渡してはいけない」などというのは、皆さん先刻ご承知です。しかし、「ご飯にお醤油をかけない」というのは見かけたり見かけなかったり。ゆえにあまりご存知ない。知っていても、「幼い子が自宅でするならいいじゃない」で終わり。

娘は友人の食べ方を真似したかったのです。未だ遭遇していなかった味を、よその家で、しかもアメリカ人のお宅で教わったのですから、やるっきゃない。まったく無邪気にそうしたいと口にしたところ、「はああ？」と、母親は想像を遥かに上回る反応を示したわけです。明らかに困惑の表情を浮かべ、言葉に詰まっている……「しめしめ、何だかわからないけど、一本取ってやった」と、ほくそ笑んだにちがいありません。

その後も娘は、時折「ご飯にお醤油をかけて食べたい」と宣言しました。その都度「またか」とこちらは落胆。

「あれはさあ、アメリカ人の子とかがする食べ方なんだけどさ、日本の子はしないのよ」

「どうして？」

「お行儀が悪いってことになってるから」

「どうしてお行儀が悪いの？」

「日本ではそういう食べ方はしないの」

「何がいけないの？」

「だから、しないの、ご飯にかけたりしないの」

「ふりかけはいいのに？」

「そうね」

「ふりかけはいいのにお醤油は駄目なの？」

「そう」

「じゃあ、どうしてアメリカの人はご飯にお醤油をかけて食べていいの？」

「よかないのよ」

「でも食べるじゃない」

「よその家のことは注意できない」

「私も食べたい、注意しないで」

「……」


どの家庭でも、ちょっとした出来事を巡り、「あなたは日本の子だから駄目なんだってば」というフレーズが親の口から発せられますが、その都度子どもは容赦なく反発するというのが、お約束のパターンです。

欧米人やインド人は乳幼児でも耳にピアスをしているのに、それを子どもにせがまれる日本の親はありえないほど不寛容（あちら側の意見です）。返答が「中学生まで待ちなさい」であれば御の字で、なかには「自分の目の黒いうちは絶対許さん」なんて過激な意見も（たいがいはお父さんです）。子どもにしてみれば、「はああ？？？」ですね。

インターナショナルスクールでは、「あぐら」は性別不問で認められている座り方です。床にべったり座るという環境であれば（ちっとも珍しくない設定）、朝礼だって授業だって、あぐらをかいたまま聴いちゃうのアリです。でもそれを、一般の日本社会でやっちゃったとしたら……。

「私（僕）を普通の日本の常識を持った子に育てたかったのなら、インターなんかに入れなきゃよかったのにねえ」という究極の嫌味は、親の神経に触ること触ること！

ちょっと真剣にアイデンティティの話

英語と日本語の発達度がいかようであれ、インターナショナルスクールに通うすべての日本人生徒には、共通するひとつの事実が存在します。それは「日本に暮らす日本人」であること。

通常、日本に暮らす日本人であれば、「日本人である自覚と、日本語能力と、一般的社会常識を備え持っている」と世間から想像されるわけです。当たり前でしょと言われてしまえばそれまでですが、そういうことですね。けれども、その推測から外れてしまうケースはあり得るわけです……例えば、インターナショナルスクールカラーばりばりの、なんちゃって日本人的少年少女たち。

子どもが長年インターナショナルスクールに通ったとしても、その子は「英語と国際感覚を身につけた日本人」であるわけです。それ以上でもそれ以下でも、ましてや「それ以外」といった存在でもありません。

普通の保護者でしかなかった私が意見をするのははばかれますが、今あげたこの事実を正視し受け入れましょう、そして子どもに教えましょう、と提案させてください。なぜって、インターナショナルスクールには、このあたりを軽視なさる方がいるのです。

アメリカ的・イギリス的といった雰囲気を持ってはいかん、とお説教を垂れているのではありません。その類いの学校に長く在籍すれば、そのように染まるのはごくごく自然な現象です。そうでなかったらむしろ変でしょう。けれど、その染まり方がその子の中心部にまで及んでしまっては、よろしくないのです。

日本人との自覚を持つ、日本語を自由に使いこなす、日本文化を誇らしいと感じる、そして日本社会の悪い点を「仕方ないなあ」と許容するのが、日本人にとって最も自然かつ楽な生き方なわけです。どの国に置き換えても通用する、世界的に普遍的な考えですね。

インターナショナルな教育を受けて育つ日本人の子どもたちに納得して欲しいのは、いくつもの言語をマスターするのは素晴らしい、一般的な日本人とはかけ離れた国際的視野を持つのも素晴らしい、そして自分の法的・生物学的位置づけと心が抱くアイデンティティが一致するのが素晴らしい、ということです。

インターナショナルスクールを卒業すれば、「なんちゃって日本人」的な仲間たちとはお別れします。その後、国内の大学の国際学部といった機関に進学しても、海外に留学しても、新たに同類の友人を作り交わることは可能です。問題はその後の人生。就職や結婚が待ち受けているのです。

新卒が海外で正式な就労ビザ（注・期間限定のインターンシップではないという意）を取るのは、容易なことではありません。好むと好まないにかかわらず、インターナショナルスクール出身の日本人は、日本国内で社会人としての第一歩を踏み出します。社会人ともなると、周囲はそう無邪気にバイリンガルをちやほやしてはくれず、むしろやっかみという面倒に翻弄される危険が生じます。「こいつはインターナショナルスクール育ちだから、大目に見てやってください」とかばってくれる上司や同輩を期待するのは甘過ぎだし、たとえそうしてもらえたとしても、せいぜい最初の数ヶ月程度でしょう。日本人と結婚して子どもを持ったら、保守的な考えの親戚と付き合う、普通の日本の学校の保護者になる、といった経験も視野に入れなければいけません。

日本で暮らすのであれば、インターナショナルスクールで培われたスキルや能力を保持する一方、「なんちゃって」の感覚を抑え、「ちょいと感性は違うけれど普通の日本人」を目指すのが最も自然ではありませんか？「インター出身だから特殊です、皆さんとは違うんです」ととんがってしまっては、周囲との不協和音が拡大するだけでなく、経験値を積むにつれ、「本当のところ、私って何者？」と悩んでしまうでしょう。

アイデンティティの形成は、幼いうちから親が下地をこしらえておけば、後年子どもは必ず落ち着くべきところに落ち着く、とベテラン保護者たちは指摘します。友人や自分の経験を通じ、私も大いに納得します。「親が下地をこしらえる」がカギです。

途中で去って行った子どもたち

インターナショナルスクールの酸いも甘いも噛み分け、真の意味でそのありがたみを知るまでになるには、親も子も相当な時間を要します。その間忘れてはいけないのは、「インターナショナルスクールに合わない子」も存在するという事実。単にシャイとか無口といった理由ではなく、授業について行けないわけでもないけれど、「そりが合わない」「どうにも馴染めない」といった相性の問題で、中途退学というケースが起こります。

「どうして外国人に混ざって英語で勉強をしなきゃいけないのか納得できない」と本人が冷静に（つまり、一時の反抗心ではなく）打ち明け出してしまっては、その時点でほぼアウトです。なぜってそれは「この環境はいやだ」という意思表示なのですから。それに対する返答で「それがあなたの将来のためだから」と言い続けても、納得してもらうのはほぼ無理です。

一口に英語で学業を行うと言っても、親の海外転勤に同行した子どもと自国で暮らす子どもでは、受け止め方が違います。転移先の言語を理解し文化に馴染まないことには生活が成り立たないといった場合、プリスクールや幼稚園に通う幼児であっても、何らかの心構えが芽生えます。翻って、自国で暮らしながらインターナショナルスクールに通う子どもに、同様の覚悟は望めません。自分は日本に暮らす一般的な日本人なのに、英語で勉強をさせられていて、いとこや友人が通う学校とは内情がかなり違う。けれども、家族の会話も、家で見るテレビ番組も、新聞も、親戚の集まりでも、使われているのはすべて日本語。「自分に与えられた運命って何？」と考え込んでしまってもおかしくありませんね。

その様な環境に身を置く子が「英語で勉強するのは平気、インターナショナルスクールが好き」という気持ちが維持できなくなってしまったら、前進は難しいのです。

では前進できなくなったら、したくなくなったらどうするか。答えは、途中で退学する。例はいくらもあります。いくつかご紹介しましょう。

■Cちゃんのケース：幼稚園の途中で自主退学

Cちゃんは身体が大きく体力もあり、行動もおしゃべりも積極的で、どのようなタイプの学校に進んでも上手に振る舞えるといった印象の女の子でした。家の近くのプリスクールに通った後、あるインターナショナルスクールのK５に合格、片道一時間弱の通学もなんのその、喜々として通い出しました。しかし数ヶ月経つとCちゃんは、「家の近所に住むお友だちと一緒の学校に通いたい」と主張し始めました。現在通っているインターナショナルスクールは好きだけれど、自分はランドセルを背負って小学校に通いたいと言い張り、引き下がらないのです。ご両親は困り果ててしまいましたが、「この子の人生はこの子のもの」と納得し、「せっかく入ったインターナショナルスクールだから、K５の一年はきちんと修了して、九月から地元の学校へ」という妥協案を示し、Cちゃんもそれに同意しました。

しかしインターナショナルスクールは異論を唱えました。「日本の小学校に入れるのなら、九月まで待たせるべきではない、ぜひ入学式を経験させてあげるべき、真新しい気持ちの同級生と真新しい気持ちで出会うべき」との返答。そう、確かにその通り。子どもにとって入学式は大変に晴れがましい行事ですし、何も秋まで待って転校生の苦労を味わわせる必要はないのですよね。かくてCちゃんは三月末をもって退園し、翌月近所の小学校へ入学しました。

■Ｊ君のケース：三年生で自主退学

Ｊ君のお父さんは、子どもはインターナショナルスクールに通わせるとの方針を立て、幼い頃から熱心に英語の指導をしてきました。自宅の近所の普通の幼稚園の年中組に通った後、Ｊ君はあるインターナショナルスクールのＫ５に合格、新しい世界に足を踏み入れました。しかし三年生になった頃からＪ君は徐々に寡黙《かもく》になり、成績は低迷。教室での勉強は身につかず、遊びにも気が乗らなくなってしまいました。いじめを受けたといった経験もないけれど、本人は「ここは自分の居場所ではない」と感じている様子。学校は「これではＪ君が駄目になってしまう」とご両親に進言、Ｊ君を公立の小学校に転校させるとの結論に至りました。

■Ｈちゃん：四年生で自主退学

数年間のプリスクール経験を経てインターナショナルスクールに入学したＨちゃんはちょっとのんびりとした子でしたが、楽しく学校生活を送っていました。変化が見られたのは四年生の半ば頃。学校に居る間、ずっと爪を噛み続けるようになりました。家ではしませんでしたし、成績の低下もいじめもなかったので、担任の先生から知らされるまで、ご両親は気づきませんでした。しばらくするとＨちゃんの癖はエスカレートし始め、指先のいくつかは血染めといった状態に。先生たちや専門家と一緒に話し合いを続けても、ストレスの具体的な原因はつかめません。周囲の勧めで、「六月中旬から七月限定」(インターナショナルスクールは既に夏休み)との条件で近所の公立学校へ通わせてみたところ、Hちゃんはすっかりそこが気に入ってしまいました。そのまま、彼女はその小学校へ編入しました。

「せっかく入ったのだから、通い続けてきたのだから、辞めさせるのはもったいない」という声は、必ず聞かれます。けれどだからといって、子どもにずっと無理強いさせるのは、賢い選択ではないでしょう。

意識的または無意識的に抱いていた望みが叶い、母国語の環境という新天地に落ち着いた子どもたちは、驚くほどのスピードで羽ばたいて行きます。親には「子どもをインターナショナルスクールに入れる勇気」だけでなく、「辞めさせる勇気」も兼ね備えておく必要があるのです。

私んちの場合③

敬語を身につけさせる

子どもたちをインターナショナルスクールに通わせるにあたり、敬語はしっかり身につけさせようとの決意を固め、貫いてきました。

上の子がプリスクールに入ったのをきっかけに、「先生の話をする際は必ず尊敬語を使う」というポリシーを作り、頑固に守りました。「先生が来た」ではなく「いらっしゃった」、「言った」ではなく「おっしゃった」という具合です。親は一貫してそうしゃべり、子どもにも強要しました。幼い子どもは素直なもので、徐々に尊敬語を使う対象を増やして行っても、無理なくついてきました。下の子も苦労なく追従しました。

とある賢い先輩ママから教わった、「幼いうちの刷り込み」という作戦です。やはり幼いうちから始めるのが大切ですよね。ある程度大きくなった子に「ではこれから敬語を」と切り替えさせても、子どもは「敬語＝異物」と認識しがちです。いったん異物と認識したものから異物感を除去するのには、結構な手間ひまを要するものです。

日本人である以上、敬語ができなくては恥ずかしいですよね。インターナショナルスクール出身だから下手で構わないなんて、誰も弁護してはくれません。

子どもたちは多々失敗をしましたし、反抗期の頃は反発もしました。社会人になった現在、彼らの敬語はそれなりのレベルにまで到達しはしましたが、決して十分ではありません。成長した分、恥のかき方も大きそうです。今後もつまずき続けるのでしょうが、くじけることなく敬語を磨き込んでほしいと願っています。

第4章
インターナショナルスクールの「ほう!」

異なる価値観

インターナショナルスクールはいわば「多国籍軍」ですから、物の考え方・とらえ方は十人十色、様々です。想定外の発見にわくわくすることもあるけれど、「それって何よ」とむっとすることだって起こります。寛容だったはずなのに十分ではなかった、理解したつもりでも甘かったといった経験も、在校中ずっと続きます。

ある学校で、日本語部門を仕切るコーディネーターの役割を担う先生が、保護者会で新任の挨拶をしました。よそのインターナショナルスクールから転職した、もの静かな女性でした。英語での挨拶の冒頭、「この学校に赴任して数週間なので、まだ何もわかっておりませんが」と切り出したところ、聞いていた保護者たちは一斉に不快な表情を浮かべました。額面通り受け取った面々が「赴任して数週間経ったのに、まだ何もわかっていないなんて！」と怒る一方、日本的な奥ゆかしさを理解した面々は「長年インターナショナルスクールに勤めていながら、あんな言い方から卒業できていないなんて！」と不満を抱いたのでした。

残念ながら、頼りになるリーダー像を描き損なってしまったこの先生に、同情の余地はありません。国際社会に身を置く以上は、自分が置かれている状況下で謙遜の意が歓迎されるか否か、口にする前に考えておかねば。

小学校入学をきっかけに日本の子どもは大人の付き添いなしに道を歩きますが、それは多くの外国人にとっては驚愕《きょうがく》の事実です。「心配だ、不安だ」程度の反応が一般的ですが、「頭がおかしい！　そんな危険な行為は断じて許されるべきではない！」という強い意見も聞かれます。我々日本人がどう思うのであれ、見解の相違とはそういうものなのです。

通学の距離と煩雑さにもよりますが、大多数の外国人生徒は最低でも三年生いっぱいくらいまでは大人（親もしくはメイド）が登下校に付き添います。五年生でも親が一緒という例もあります。スクールバスで移動の場合は、バス停と自宅の間を大人が同行します。周囲がそうですから、日本の家庭でも、三年生くらいまでは送り迎えをするとの風潮が見られます。

五年生くらいまでは、放課後友だちを家に招待する際には、相手の親に「子どもたちだけで帰宅させてかまわないですか、大人が付き添うべきですか」といった打診をします。そうった配慮をしないで子どもたちだけで家に返すと、「あの親は無神経だ」と恨まれてしまう可能性があるのです。

おもちゃに対する考え方にも繊細さが求められます。幼稚園児を持つアメリカ人の家庭が、子どものバースデーパーティーを企画した時のことです。テーマ付きパーティーというもので、招待状には「海賊たちの冒険」と書いてありました。それは、コスプレ大歓迎との告知であったと同時に、親たちに「おもちゃの刀を手にしてのちゃんばらや、宝物の強奪ごっこといったアクションを含む」という、ほのめかしでもあったのでした。つまり、たとえ無邪気なお遊びであれ、子どもに暴力を連想させる行為をさせるのは好ましくないと判断したら、不参加と表明してくださいという訳です。

日本人の親たちが必ずやそのような配慮を思いつくかは、疑問符がつくところですよね。「たかが子どもの遊びなのだ」と受け流してしまいそうです。実際、ある日本人の男の子のバースデーパーティーで、おもちゃ箱いっぱいにプラスチック製の銃や剣が用意され、主催のお父さんが幼いゲストたちに向かって「どうぞ好きな武器を選んで！」と満面の笑みで問いかけ、居合わせた親たちが眉をつり上げたという事例もありました。インターナショナルスクールの保護者版「やっちゃった」の一例です。

「たかが子どものおもちゃなんだから、そんなに気にしなくていいじゃない」とも思えますよねえ。でもそれは日本的理屈であって、グローバルな見解ではないのです。

「人は人、自分は自分」を「好き勝手にやらしてもらいます」と勘違いするのは禁物です。「互いの考えの相違を感じ取り、尊重する能力を持つ」というのが、インターナショナルスクール社会の掟なのですから。

どんな服装で過ごしているかというと

インターナショナルスクールには制服の着用を課している学校もありますが、私服で登校させる学校も多く見られます。

制服であれば、スカートやパンツとブレザーというパターンが主ですが、学校のロゴ入りのポロシャツと自前のパンツやスカートといった組み合わせを取り入れている学校もあります。上履き、体育館シューズ、体操服の指定は学校によってあったりなかったり、まちまちです。ほとんどの場合、履き物は自由に選べます。

私服の学校に目を向けると、小学校低学年の女の子は、ピンクや赤といった色使いから卒業して淡いパステルに移行して行くという感じです。花柄でも白地に紺とか、案外シックです。スパッツ着用が多めなのは、動きやすさを意識してのことでしょう。中学あたりになれば皆かなりプレーンなパンツ姿になります。体型に自信がある子だったらストレッチ素材の上下を着たりして、かなり大胆ですね。自分だけのスタイルを貫くといったこだわり派であれば、全身真っ黒でキメたり、ロリータファッションだったり、くるぶし丈のコットンドレスなんて服装も。体育の時間に運動に相応《ふさわ》しい服装をするのであれば、他の時間はゴスロリもくるぶし丈も許すよ、という学校もあるというわけです。いつも高価なものばかり着るという生徒は少数です。特別な機会にぐっとドレスアップすることはあっても、普段はユニクロやＧＡＰといったものをクルクル着回すのが、一般的インターナショナルスクールのファッションです。

幼い時期の男の子であれば、アニメの柄やスポーツチームのロゴ入りＴシャツといったものが「イケてる」のでしょう。中学・高校といった色気づく時期になっても、襟付きのシャツよりＴシャツばかりといった感じです。プロのスポーツチームのシャツはいつの世代にも人気です。ショーツの着用は認められていますから、少しでも暖かい時期は、ショーツ姿が幅をきかせます。何かに凝るとしたら、靴なのかもしれません。ナイキのなんとか、といったもの。

どの学校も「清潔で学生として相応しい格好を」といった指示を明記してします。肌の露出が過ぎるような、相応しくない格好を繰り返した場合は教頭室送り、というのは世界共通ですね。

西町インターナショナルスクール（幼小中）のハンドブックに掲載されている「着用してはいけないもののリスト」（二〇一八年）をあげてみましょう。

＊教室内での帽子・サングラス
＊下品な言葉、性的な言葉、麻薬・酒・タバコについてのメッセージが書いてある衣服
＊劣化が激しい衣服（ファッションであっても）
＊切り裂かれている衣服（同）
＊スカート・ショートパンツ、着用者が直立して降ろした腕の指先より短いもの
＊タンクトップ、紐が細く胸のくりが深いもの
＊レギンス、スカートやドレスの併用がないもの
＊踵《かかと》をとめることができない履き物、厚底靴、ハイヒール
＊お化粧とアクセサリー（小学生）
＊濃いお化粧と派手なアクセサリー（中学生）
＊身体のピアス
＊その他通学にふさわしくない服装

ここから読み取れるのは、

＊教室外であればサングラス可
＊踵をとめられるものであればサンダル可
＊中学生は多少のお化粧とアクセサリーの着用可
＊耳のピアス可

という事実。日本の学校に比べると寛大ですね、やっぱり。

いじめは存在するのか

「インターナショナルスクールにはいじめなんて存在しないのでしょうね」といった声は、世間からよく聞こえて来ます。漠然とした印象しか持たないままインターナショナルスクールを美化する方は正直多いですし、「人は人、自分は自分」「皆違って、それでいい」「他文化を尊重しましょう」が原則の学校なのだから、いじめなんて存在しないのだろうと思い込まれても、当然なのかもしれません。

しかし、残念ながら答えは「否」です。インターナショナルスクールにもいじめは存在します。近年の動向ではなく、昔からそうです。気に障るといった存在に対し、ちょっかいを出すのは人間の本質といったものでしょうから、いじめたくなるという気持ちは誰しも持ち合わせていると考えるのが自然です。上から目線な子、空気を読まない子、気力・体力を持て余している子、悪気はないのに言葉が過ぎる子など、子どもの気質も万国共通です。家庭内が落ち着いていない家の子どもは、いじめっ子にもいじめられっ子にもなりやすいものです。

転入も転出も、いじめを生む要素と考えられます。転校すると知らされた途端、それまで穏やかでいた子どもが急に荒れ出したという例はいくらもあります。

いじめに対するインターナショナルスクールの対応は、甘くはありません。教員と生徒の比率が低く、目が届きやすいという理由だけではなく、「ことなかれ」といった気質を許さないからです。学校からの配布物に書かれているだけでなく、「そのつもりがなくても、こういった行動をすればいじめと見なします」といった、いじめ行為の定義づけをリストにしたポスターを各所に貼り、防止・抑止を促す学校も見られます。いじめが発覚した際は、ことの次第を細かく詮議の後、当事者には相応の処罰がくだされます。

もしいじめの理由が相手の文化や民族性、宗教、肌の色といった要素に関わることであったとすると、学校側の対応は更に厳しくなります。多国籍の人々が集まる集団の中において、生まれ持った個々の特性や背景を標的にしたいじめは最も卑劣な行為とみなされ、厳しく戒められなければいけないからです。

一九七九年にイランの首都テヘランで起こった「アメリカ大使館人質事件」は、ひどく長期化した上、人質の救出をめぐって悲惨な事態が繰り返された事件でした。在校生の多くがアメリカ人であったにもかかわらず、駐日イラン大使の息子が通っていた西町インターナショナルスクールでは、生徒も保護者たちも皆平静を保ち、事件の進行中も終焉後も、波風ひとつ立たせずやり過ごしたとの記録が残っています。長年培って来た学校側の厳しい目と細かい配慮が、そのような平静を可能にさせたのでしょう。

一学年下げての入学

インターナショナルスクールでは、「一学年下げて入学させる」という選択が可能です。

多くの場合、それは子どもをプリスクールに一年長く通わせ、実際の募集年齢より一歳上にさせてキンダーガーテン（幼稚園の年長組）に申し込むという方法です。北米の公立学校や私立学校で普通に採用されている手法が、日本のインターナショナルスクールでも取り入れられているのです。多少月齢が上な分、早生まれの生徒でも同級生たちに遅れをとらず、勉強や指示について行くことが容易になります。

ただし、どの子どもにも利点があるとは限りませんので、ここは要注意です。これはあくまでも精神的もしくは体力的に厳しいといった不利益が明らかという子どものための策であり、不利な点が見られない子どもを一年下げた場合、早熟過ぎて同級生たちとの社交がうまくいかない、学習内容が簡単過ぎてかえって勉強に身が入らない、といった問題が浮上します。そうなっては、子どもの未来が危ぶまれますね。一見するとひどく魅力的な制度ではありますが、気軽な気持ちで決断してはならない、と専門家たちは指摘します。

一年下げるという選択は、幼児期限定の策ではありません。他校に転校する、新規に中学や高校に入学するといった時期に、一年留年させる形で行うという方法もあります。「皆について行くだけでただただ必死」といった子どもを留年させることで、余裕を持たせることが期待できます。

私の子どもは二人とも「一年下げての入学」の経験者です。七月生まれの長女はプリスクールの最終学年を二度繰り返した後に幼稚園へ進み、一月生まれの長男は別々の学校で九年生(日本の中学三年生、アメリカでは高校の一年目にあたる)を二度経験しました。

幼かった娘は何もわからないまま親の計画に乗せられただけでしたが、息子は十四歳になっていましたので、じっくり話し合って留年の計画を持ちかけるつもりでいました。それが望ましいという自覚があったのでしょう。彼が自発的にアメリカの全寮制高校(九年生から十二年生の四年制)に進学したいと切り出した際、「日本で九年生を終え、アメリカで九年生としてスタートを切る」という条件に、戸惑うことなく同意しました。親元を離れたのにもかかわらず、彼はそれまで一切見せたことのない精神的な余裕を持って、二度目の九年生を全うしたのでした。その後ずっと安定した学校生活を送れたのは、このゆとりあるスタートのおかげであったと確信します。

「人は人、自分は自分」といった姿勢のインターナショナルスクール社会では、一年歳が上だからといって色眼鏡で見られることはなく、いじめが起こることもまずあり得ません。そのおかげで親も子も安心して決断ができます。年齢のずれは自発的に起こるケースばかりではありません。小学校の中ほどになれば、海外からの転校生が転入時に一年学年を下げられることはざらです。中高レベルでは更にそうです。

同級生を指して、「僕たちはお誕生日で八歳になるけれど、○○君は今度九歳になるんだ」などと、子どもたちはくったくなく言い放ちます。横並びが当たり前の日本社会と違い、インターナショナルスクールの子どもたちの思考はまったく自由です。

お昼ご飯の風景

インターナショナルスクールでは、お昼ご飯の事情は大きく異なります。立派なカフェテリアを備えている学校あり、売店でサンドイッチを売っている学校あり、外注の業者からお弁当を届けてもらうシステムを導入している学校あり、と様々特色がわかれます。

カフェテリアでのランチには選択肢があるので、生徒は楽しいですね。メインディッシュなら二、三種類（例えばフライドチキン、ミートソースのパスタ、ベジタリアンのパスタ）の中から選べますし、そしてその他に温野菜やサラダバーやスープバーがつけられます。事前にメニューはわかっていますから、気乗りしない日は家からお弁当を持ってくるという手もあります。

カフェテリアに決められた席はありません。各自トレイに食べ物や飲み物をのせてお金を払い、空いている席を探し、食べ終わったらトレイを所定の位置に下げ、退室します。

貝類・甲殻類、豚肉・牛肉と宗教が制止する食べ物は多いという事情があり、インターナショナルスクールでメニューを組むというのは神経を遣う仕事です。特別な祭事がからめば、期間限定の制限も生じます。「コーシャー」「ハラル」と呼ばれる特別な処理がされた食材しか口にしないという生徒は、お弁当を持参します。

横浜インターナショナルスクールのカフェテリアのランチの値段は、以下の通りです（二〇一九年現在）。

「トレイいっぱいのランチ」横浜インターナショナルスクール

幼稚園向けランチセット五〇〇円、小学生（一から五年生）向けランチセット六二〇円、中学生以上のランチセット七七〇円。セットには、サラダバーとメインディッシュが無料でお代わり可という条件が含まれます。セットではなく単品のみの購入も可能です。

この学校のカフェテリアは、単なるランチ提供の場ではありません。一時間目開始の前の時間から、放課後しばらくの時間まで開いています。生徒たちは朝イチにやって来てグラノーラミックス（オーガニック！）やパンを食べたり、放課後にクッキーを買ったり、なかなか楽しそう。支払いは、カフェテリア内に設置のコンピューターで済ませます。これだと現金を持たせる必要がなくて、安心ですね。学年の始めに各家庭は「月々のカフェテリアでの支出は○△◎円まで」と登録する決まりなので、生徒は残高を確認（心配？）しながらスナックを楽しみます。

インターナショナルスクールの登校日数はおよそ一八〇日、登校すれば夕方まで拘束されるのが常ですが、校外活動や特別なイベントもありますから、カフェテリアでランチを食べる回数を一七〇回と仮定します。先にあげた小学生が払う六二〇円に一七〇をかけると、六二〇×一七〇＝一〇万五四〇〇円という計算です。日本の高めの私立学校の給食費と比較して、そう悪くはありません。

選択肢の有無にかかわらず、年齢にかかわらず、「家からお弁当持って行く派」は必ずいます。

日本人の場合、インターナショナルスクールの生徒といってもお弁当の内容は決して特殊ではありません。お弁当箱に卵焼きやハンバーグや鶏の唐揚げと温野菜を詰め、空いたスペースにはプチトマトやフルーツを押し込み、ふりかけご飯を添えるといったものですね。もちろん、サンドイッチもホットドッグも常連です……そう、超ありきたりですみませんって謝りたくなるほど普通です。世間にはキャラ弁のデザインを紹介する本も出回っていますが、横並び意識が薄いインターナショナルスクールでは、キャラ弁はお呼びでないって感じでしょうか。

外国人の子どもたちのお弁当は結構カジュアルです。ベーグルにクリームチーズを塗ったものがどかんと入っている、ロールパンにハムとチーズがはさまっている、フルーツだったら小ぶりのリンゴが丸のまま、バナナがそのまま一本入っているといったものも珍しくはありません。日本人のお母さんたちからすると、「もっといろいろ食べたいんじゃないのかな」なんて、余計な心配をしてしまいます。

私の子どもたちが在籍した学校では、学年の途中や終わりに、ポットラック（各家庭から持ち寄りのご飯）が盛んでした。「手作りに限る」なんて気難しいルールはありません。お店で買ったものを持ち込むのもアリです。フルタイムで働くお母さんも結構いますから、そのあたりの配慮は当然です。

インターナショナルスクールのポットラックはとても華やかで、教室内に並べられた料理はデパ地下なんぞ鼻も引っ掛けないといったバラエティ。子どもたちには当然のこと、保護者たちの間でもなかなかの人気です。「これ作ったのどなた？」「はーい、私！」「どうやって作るの？」「すっごく簡単！　レシピー差し上げましょうか？」と、それまでまったく縁のなかった同士が味覚の話題をきっかけに親睦を深めるという、思いもかけない外交的発展を遂げる場でもあるのです。

シェフたちの腕の見せどころ

カウンターには手作りスイーツがいっぱい

お昼時は超満員のカフェテリア

写真３点：横浜インターナショナルスクール

バザーでプチ異文化体験

「インターナショナルスクールと言えば、バザー」と連想する一般の方々は、結構多いです。リピーター率が高いのでしょう。どこの学校のバザーも、毎年必ず大盛況です。

多くのインターナショナルスクールでは、秋か春の週末にバザーを開催します。食べ物・飲み物の屋台、食品や工芸品の販売、フリーマーケット、生徒や保護者による音楽の演奏や演劇の発表、子ども向けのゲームコーナーの運営など、校舎と校庭を一般に解放しての賑やかな一日が繰り広げられます。ロゴ入りのグッズを販売する学校もあります。

常連のお客さんはいつどこの学校でバザーを行っているか宣告ご承知、「〇〇スクールはスカンジナビア料理が充実」「△△スクールのティラミスは格別」といった情報が共有されているようです。

ブースやフードストールと呼ばれる屋台は、アメリカ、フランス、インド、オーストラリアなど国ごとに分かれ、お国自慢の手料理や飲み物が用意されています。炭火焼きのハンバーガーあり、チーズたっぷりのラザニアあり、インドカレーにタイカレーに、イスラエルの豆のペーストに、ヨーロッパ各国のワインに……どれをとっても逃すのは惜しいものばかり！　メインに活躍するのは在校生と保護者たちです。教職員や卒業生の保護者たちの参加もあります。

日頃「学校でボランティア」といえばお母さんたちの活躍ばかりになりがちですけれど、バザーではお父さんたちが大奮闘する光景も見受けられます。準備から片付けまで、男手が加わるとあれよあれよと進みますよね（お酒が入ってなければですが）。どの学校にも、煙に燻されながらバーベキューグリル前に君臨する、ギター片手にロックンロールしまくる、といった「毎年お馴染みの名物お父さん」といった方がいます。余談ですが、うちの子どもたちが在学当時、学校の名物ロックンローラーは、アイルランド出身の校長先生でした。

提供されるお酒も食べ物も、すべて値段はちょっと高めです。「収益は学校へ寄付」と決められている、ファンドレーザー（資金集め）イベントと、お客様にはご理解いただきます。

お酒の販売に関しては、「大らか」と「全面禁止」と、学校によって方針は二極化です。「どの学校でもお酒が飲めるぞ」と思い込むとハズレることも。

珍しい建築様式の校舎と校庭に色鮮やかな旗やテントを巡らし、外国人の大人や子どもが集うという光景は、身内の面々だってわくわくしますし、一般の日本人にとってはまったくのワンダーランド、異文化体験そのものです。風船細工のおじさんや、ジャグリング、ピエロ、パントマイムといったプロのエンタテイメントも目の前で繰り広げられます。そして珍しい料理やスイーツに舌鼓を打てるとは、その上レアなお酒まであるとは！

バザーで活躍する北欧出身のお父さんたち（聖心インターナショナルスクール）

インターナショナルスクールには芸能人の家族もいますから、我が青春時代の憧れのアイドルを見かけるなんて、はたまた一緒に働けるなんて、超嬉しいオマケも経験できるのかもしれません！

同級生とシャルウィダンス?

インターナショナルスクール生っておませに見えますね。特に欧米系はおとなっぽい見かけの子が多いですし、実際おませでもあります。そのおませ感を顕著に表すのが、中学校・高校で開催されるダンスパーティー！

学校の講堂、体育館、多目的ルームといった施設で、ダンスのみ、またはゲームなども盛り込んでの社交イベントが行われるのです。タイトルは「ハロウィーンダンス」「ウィンターホリデーダンス」「バレンタインダンス」といったもので、生徒会のダンス実行委員会や、○年生といった生徒たちが責任を持って主催します。ＤＪは「腕に覚えのある」生徒たち。日時は金曜日の夕方や夜七時～九時といった時間帯で、ピザや飲み物も振る舞われます（有料）。

参加するかしないかも、どのような服装でダンスパーティーにやって来るかも、丸っきり個人の自由です。胸元丸出しフィットドレスやスリムパンツといった、「めいっぱいお洒落派」から、ジャージっぽいパンツとTシャツといった、「まったくいつもと変わらず派」まで、そしてハロウィーンだったら工夫を凝らした仮装もあり、皆自由奔放、ばらばら、お気に召すまま、です。

がんがん踊るという感じだけではなく、スローな曲も多少含まれます。本来ならば「男の子と女の子がぺったりくっついて」といった具合で踊るものですが、それは場合によりけりで、組んだ相手によっては自発的に離れ気味に構えたり、立ち会いの先生の「もうちょっと身体を離して」との介入があったり、微笑ましかったりぎこちなかったりする光景も。

若い世代をエキサイトさせるイベントですから、各校とも様々な規制を敷いています。事前に選んだ曲のリストを担当の先生に提出し、歌詞の中に「好ましくない表現や単語が含まれていない」という確認を受けなくてはいけない、リストに載っている曲しかかけてはいけない、といった約束や、「途中抜け禁止」という決まりを強いている学校もあります。イベントが開催されている時間中、子どもは学校にいると家族は信じているのですから、安全確保のため、学校は参加した生徒たちを全員学内に留めておきたいという事情です。複数の「監視役」といった先生が目を光らすというのは、どの学校でも必ず行われている処置です。

五年生たち（小学校の最終学年）に「中学生になったら何が楽しみ？」と尋ねると、多くの子が「ダンスに行かれる！」と答えます。十一歳、十二歳にしてダンスパーティーデビューをやってのけるなんて、おませですねえ。

ダンスパーティーの最大級のものは、高校の卒業式直前に行われる「シニアプロム」です。こちらは慎ましやかなんて次元ではありません。男の子はグレーや黒のタキシード（もちろんレンタル）、女の子はロングドレス着用で、会場はホテルの宴会場やクルーズ船のパーティールームといった豪華なもの。当然素敵なご馳走も待っています（アルコール飲料はもちろん厳禁）。ＤＪはプロを雇い入れるという趣向。男女のペアで参加する原則ですが、単独での参加もアリ。不参加という選択肢もアリ。

プロムの準備が始まる時期になると、生徒たちは皆わくわくそわそわ。誰を誘う、誰に誘われた、誰を断った、誰に断られた、何色のどんなドレスを買う（娘を持つ親はここが頭痛の種）と、おませさんたちは大いに、おませさんでない面々もそれなりに、悩みが尽きない日々が続きます。十七歳、十八歳にしてこの騒ぎ。

プロム当夜の興奮といったら……それはそれは筆舌に尽くしがたい大変なもので！

注・ダンスやプロムを開催しない学校もあります。

私んちの場合④

人は見かけによらぬもの

幼少時に私が住んでいた家の隣には、在日歴十五年以上といったアメリカ人家族が暮らしていました。子どもは兄・姉と双子の弟の四人。彼らは皆日本語が上手でした。リセフランコジャポネ（フランス系の子どものための学校）に通っていた双子たちは、フランス語も流暢でした。

普通の日本の学校に通っていた私でしたが、そのお隣さん一家のおかげで、ごく自然に「外見と日本語力は一致する時と一致しない時がある」という認識が身につきました。

日本でインターナショナルスクールに通う子どもたちも、同じ感覚です。学校内を見渡せば、外国人であってもネイティブレベルの日本語を話す子は珍しくありません。

「外見と食べ物の趣味は一致する時と一致しない時がある」というのもあり。学校でのお餅つきで、あんこのお餅を勢いよくかっくらう外国人の生徒は大勢います。チェーンの牛丼屋のメニューのランク付けなんぞを軽々とやってくれる外国人高校生男子なんてのも、必ずいます。

外国人の先生の中にも保護者の中にも日本語に堪能な方はいくらもいますから、生徒たちは日本語でしゃべっている時でも油断はなりません。通りすがりに悪口なんてとんでもない。「この顔つきなら大丈夫」といった先入観は、皆入学してすぐに打ち消されてしまいます。

そして、逆もまた真なり。インターナショナルスクールに通う外国人の家族であれば、日本人の中にも英語に堪能なのが潜んでいる、英語だからと油断して好き放題を言ってはいけない、と心得ておく必要があるのです。電車の中で「あなたの斜め前に立っている女の子、あの化粧ったら何？　素敵だと思ってんのかな、ばっかじゃないの？」なんて言ってしまって、その相手に睨みつけられたら非常に気まずいですよね（睨みつけられるだけですめばいいけど）。

子どもたちが幼かった頃のある日、娘を連れて家の近くのクリーニング屋さんに行きました。その時持ち込んだ量は相当なもので、カウンターの上にどーんと大きな服の山を築いてしまいました。すぐさま、アメリカ人らしいお母さんと小学生低学年という親子が、私たちの後ろに並びました。子どもはうんざりといった様子で、ぐずぐずとお母さんに楯突き始めました。「ほらね、僕が言った通りでしょ、すぐになんか終わらないよ、前の人たち（私と娘）ったら、あーんなにいっぱい持って来ちゃったじゃない、これじゃ永遠に終わんないよ」とふくれっ面。ふと娘と顔を見合わせたところ、娘はその男の子の方に振り返り、「ごめんね、さっさと終わらせるから、ちょっとがまんして」と英語で言いました。その時の少年とお母さんの顔たるや！「やばっ」とおののく少年に、「○○、幾度も言ってあるでしょ！ この辺りには英語が分かる日本人はいくらもいるのよっ！」と、お母さんの罵声が……。

どう見ても少年の完敗です。インターナショナルスクールの一員であるならば、「外見で語学力を判断しちゃ駄目」とわかってなきゃ。

第5章

インターナショナルスクールの「いいね!」

先生が褒める、親が褒める、生徒が褒める

インターナショナルスクールの特性のひとつは、「褒める」という行為の多さです。

先生が生徒を褒めるのは当然と言えば当然ですが、それにしても実にまめまめしく褒めるものだ、と日本人は感心してしまいます。いちいち理由を見つけては、本人に向かい、親に向かい、たまたまその場に居合わせた大人たちに向かい、生徒の成果や長所をこと細かく褒めてくれます。あどけない笑顔を見せる幼児にも、反抗期まっただ中のニキビ面にも、スーツ姿の卒業生にも、先生たちは賞賛の言葉を雨あられと注いでくれるのです。

そして気づくのは、欧米の親たちはおおっぴらに自分の子どもを褒めるという事実です。「おたくのお嬢ちゃんは絵を描くのが抜群に上手ね」「褒めていただけて嬉しいわ〜、あの子は絵が上手なのよ〜、とーっても手先が器用でね〜」といった具合です。日本人同士の会話であったら、「あの子ったら勉強はろくすっぽできないけど、絵だけはなぜか上手なのよ」程度が関の山でしょう。由緒正しき日本的奥ゆかしさ、健全なり。

そして忘れてならないもう一点……生徒が生徒を褒める！

うちの子どもたちが通った学校では、四年生の後半に地学の学習のしめくくりとしてプレゼンテーションが組み込まれていました。「あなたのお子さんは、○日△時からプレゼンテーションを行います」との告知が各家庭に届き、親たちは観客として理科室に集められました。プレゼンテーションは、四人程度のグループに分けられた生徒たちが前もって準備を重ね、あらかじめ指定された鉱物について、表やグラフを手に持ちながら交代で説明をするという内容でした。

四年生が理科室で発表をするという機会でしたし、研究の対象は鉱物でしたから、特に心を打つ劇的な瞬間があるわけではなく、数分間のプレゼンテーションは淡々と進行しました。

しかしその際目に付いたのは、各グループがプレゼンテーションを終えるたびに行われた、発表内容についての感想を述べ合うセッションでした。

中学部の掲示板。毎日だれかにすてきな言葉をかけよう！（西町インターナショナルスクール）

「△△を□□と表現したのは、分かりやすいと感じました」「絵を指さすだけではなく、身体を使ってのジェスチャーでも説明したのは、効果的な伝え方だと思いました」など、仲間の行動を褒めるのです。そして、「私も感心した、君もそう感じたか」といった先生のコメントが加わりました。

褒める以外のコメントもありました。声が小さいといった単純なものだけではなく、「チャートがわかりづらかった」「説明の流れがスムーズでなかった」と掘り下げた指摘も。よろしくなかったという指摘があげられた場合、「ではどうすれば良かったのかな」と先生はクラスに問いかけます。チャートであれば、「色づかいが」「文字の大きさが」といった改善点が挙げられ、それらについて検証が行われました。速やかに改善点が見つからない場合は、「では、見づらかったチャートと見づらくなかったチャートを比較してみようか」といった投げかけがなされ、討論は継続。発したコメントが大した内容を持たないと判断された場合は、先生から「何となくといった気分で発言してはいけない」と、お叱りの言葉もありました。

大人たちが最も驚かされたのは、生徒たちが仲間の改善すべき点を見つけた際、「まず好ましかった点を褒め、その後行き届かなかった点を『惜しかった』というニュアンスを込めて指摘する」という話術を会得していたという事実でした。齢九歳、十歳にして大人顔負けですよね。

世間には「部下の効果的な叱り方」「褒め上手になろう」といったビジネス書がいくらも出回っていますが、この四年生たちはとっくにその技術を習得ずみ。それらの出版物は全く無用の長物だったのでした。

「自分の頭で考える学習例」いくつか

「インターナショナルスクールでは、日本の学校が得意とする受け身姿勢オンリーの学習ではなく、自分の頭で考える、体験を通じて納得する、といった教育が受けられる」と言われます。けれど果たしてそれがどのような内容なのかは、あまり知られていませんね。この章では、「これぞインターナショナルスクールの教育！」といった具体例をいくつかをご紹介いたしましょう。

低学年が体験するプロジェクトに「ショウアンドテル」があります。自宅から自分が大事にしている物を持参し、クラス全員に見せ「ショウ＝show」、どのような意味やいわれを持つものかを伝える「テル＝tell」、というプレゼンテーションです。ひとりの生徒が皆に向かって「私のおばあちゃんを紹介します」と、写真をかかげたとすると、おばあちゃんはどこに住んでいるか、自分にとってどんな存在か、といった説明を加えます。大勢の前に立って、物事をわかりやすく伝えるとはどのような技術かを自分で体験して学び、同級生の仕草を見て学びます。幾度も経験を繰り返すことで、着実に上達して行きます。

雨が降っても大丈夫（アメリカンスクールインジャパン）

プログラミングの授業でロボットを走らせる（横浜インターナショナルスクール）

小学部の図書館・奥にはレゴのコーナーも（アメリカンスクールインジャパン）

幼稚園の一室・輪になって座ります（横浜インターナショナルスクール）

小学校高学年から中学校あたりで行われている物理のプロジェクトに、「エッグドロップ」があります。「五、六メートルほどの高さから生卵を落下させ、無事に着地させる」というのが、生徒に与えられた課題です。皆、ティッシュや空箱、トイレットペーパーの芯、牛乳のカートンといった身の回りに存在する材料を工夫して、どう卵を守るか知恵を絞ります。「こんな感じだったら割れない気がしたから」といった曖昧さでは不合格。「自分の作品の目玉は何か」「それはどういった根拠を元にして考え出したか」という点を明解にすることが求められます。

「エッグドロップ」と同じ世代を対象に行われるものに、「ミリオンダラープロジェクト」と題されたものがあります。自分が一ミリオンドル(一ドル＝百十円で換算すると一億一千万円)を受け取ったと仮定して、それを元手に社会的弱者や動物のためのプロジェクトを作成し、運営企画書を書き上げるというものです。予算を有効に使う過程で様々工夫をしなければ、高い評価は受けられません。「盲導犬訓練施設を建てる→広大な土地が必要→都会より地方を選ぶべき」「小規模な医療クリニックをたくさん運営する→需要は先進国より途上国で高い」といった理屈の展開が求められます。その上でどのような職種のスタッフが何人程度必要で、そのためにはいくつ部屋が必要で、ゆえにどれほどの大きさの建物が必要で、といった条件を揃えて完成させます。予算を使い切るというのも大切な要素です。

上の子が六年生の頃、社会科の時間に中東の歴史を勉強した際に締めくくりとして、「アラブ人とユダヤ人の対立を解決させるために、周囲は何をするべきか」というクラス全員参加のディスカッションが行われました。そのように大きな難題でしたから、一同壁にぶち当たって終わりといった結末でした。「そんな不毛な協議はやっても時間の無駄」と大人が一蹴することは簡単でしょう。けれど敢えて経験させられたことで、生徒たちは相互理解や世界平和という目標の達成がいかに困難かを、しっかり胸に刻んだはずです。

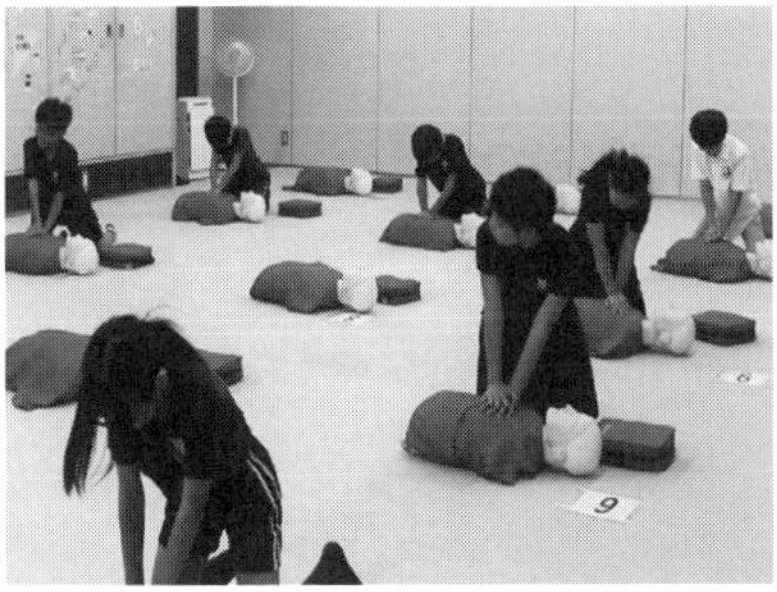
世の中の役に立つ人材を育てる（東京ウェストインターナショナルスクール）

校舎の使いづらい点や改善してほしい点を教職員から聞き出し、その情報をもとにデザイン画を描かせ、「なんちゃって建築コンペ」を開催した高校もありました。これは美術ではなく、数学の授業の一環です。毎日自分たちが使用している校舎のリノベーションプランを練るなんて、建築が身近に感じられる機会ですね。

最後にもうひとつ、アメリカンスクールインジャパンで十年生（日本の数え方では高校一年生）を対象にして行われた、「べ

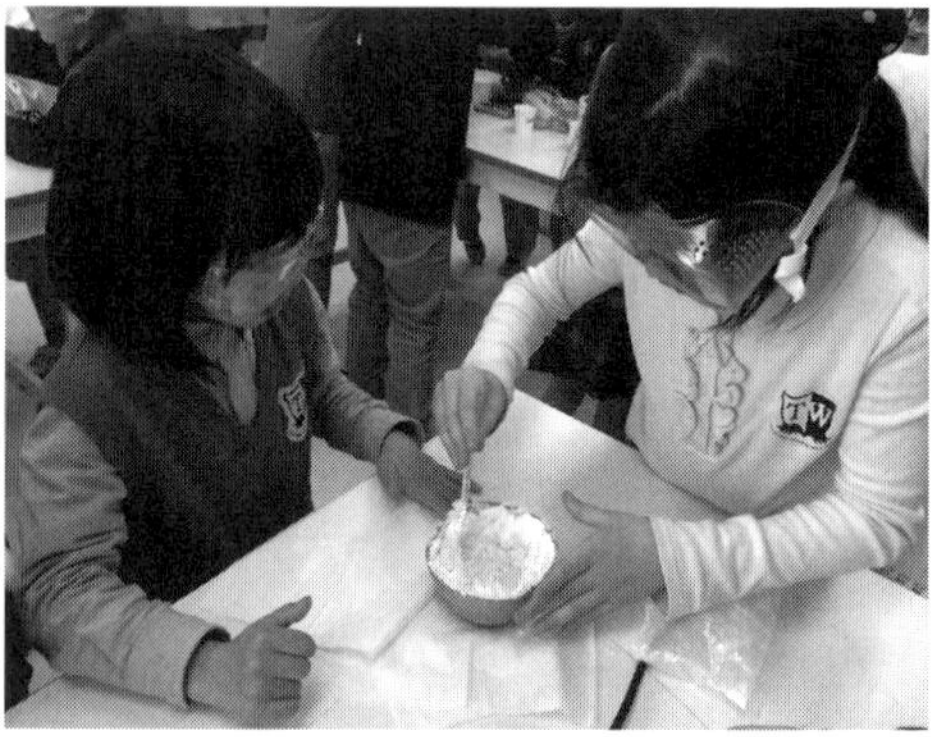

今度は私が混ぜる番ね（東京ウェストインターナショナルスクール）

イビープロジェクト」を紹介いたします。

生徒は昼休みに学校所有の赤ん坊の人形を一体与えられ、その後一緒に過ごして翌朝学校に返却する、という育児体験プロジェクトです。学校は一年かけて、全生徒が一回経験するよう計画します。人形を受け取る際、生徒はおむつ数枚（この人形専用のもので、本物ではない）とほ乳瓶（同）も貰い受け、腕には専用の機械でしか絶対に外せないブレスレットがはめられます。本物そっくりにしか見えない人形の体内にはコンピューターが内蔵されていて、「お腹が空いた」「お尻が気持ち悪い」「相手をして欲しい」といった理由が生じるたび、泣き出します。生徒は泣かれている理由を探りながらあれこれ手を打ち、人形の機嫌を取らなくてはいけません。ブレスレットを人形に近づけると体内のコンピューターが反応し、それをきっかけに生徒の行動が記録され、成績評価につながるというシステムです。ブレスレットをはめていない人間が対応しても人形は反応しないという、実に巧妙な仕掛けがされています。

授業中に泣き出せば、教室を抜け出して世話をします。ミルクを与えるのには二十分程度の時間がかかってしまいますし、飲み終えてもゲップをさせなければ、人形は機嫌を直してはくれません。スクールバスの中であれば、「あの子は例のプロジェクトの担当者だ」と周囲に理解してもらえますが、学校外の人々はまずこの赤ん坊が偽物とは気づかず、学校のプロジェクトであるとも理解しません。自宅に戻った後も要求は続きます。生徒は食事を中断され、宿題の手を止められ、そして幾度も睡眠の邪魔をされ、やっとの思いで朝を迎えるという運命を義務づけられるのです。行動はすべて記録されますから、上手く対応すれば高い評価が期待できますが、泣き続ける人形を長時間放置したり、叩く蹴るといった強い衝撃を与えてしまうと、評価はばっちり下げられてしまいます。

ホント、どれも自分の頭で考えることを強いられるプロジェクトばかり。びっくりですね。

●ベイビープロジェクト後記

先ほどのベイビープロジェクトについて、もう少しお付き合いいただきます。

これは生徒の個人的な事情をまったく考慮に入れてくれないという、極めて過酷なプロジェクトです。放課後に用事が入っていようと、翌日に大きなテストがひとつあろうとふたつあろうと、「○月○日は誰々」と決められてしまいます。当人の体調の善し悪しも影響をおよぼすでしょうが、それを理由に担当日を変えてもらうことはまず不可能。そして、いつどのタイミングで人形に泣かれるかは、神のみぞ知る運命です。

こともあろうに、E君は学校外での和太鼓のお稽古日に、この育児プロジェクトが与えられてしまいました。十五歳男子としては、不安だったでしょう。数日前にはお母さんもそわそわし、息子に指示を出し始めました。「いい、お願いだから、何があっても人形をバックパックの中に突っ込んだりはしないでちょうだい、バックパックから泣き声がして、中から赤ん坊が出て来たなんて事態になったら、都バスに乗り合わせた乗客はひっくり返っちゃうわよ！」そう、人形は見かけも泣き方も、本物としか思えない精巧な作りなのです。しかも白人とアジア人のハーフであるE君が貰い受ける人形はヒスパニック系の顔立ちでしたから（チョイスは白人、ヒスパニック、アフリカン、アジアンの四通りで、事前に生徒には通達が届く）、誘拐だと勘違いされたらかないませんね。「いくら日本の人たちが穏やかだといっても、あなたの行

動次第では、警察に通報されかねないわ！」と声高に繰り返す母親を横目に「ちゃんと抱いてバスに乗るから、誤解されるような行動はしないから」と息子はうんざり顔。母親と会話して不安が解消されたかって、きっとそうではなかったでしょう。

当日授業を終えた後、和太鼓の稽古場へ向かうべく無事に都バスを降りたE君でしたが、すぐさま人形に泣かれてしまいました。泣いた理由はおむつのせいだと気づき、バス停脇の歩道上に人形を寝かして（！）おむつ交換を遂行。「通り過ぎる人たちがみんな変な目で僕を眺めていたよぉ」とぼやいていましたが、そりゃ当然でしょ。

稽古場では女性の太鼓仲間さんたちがこぞって意見を出してくれ、E君は幾つもの危機を乗り越えることに成功しました。しかし帰宅後は、ほ乳瓶を持つ手つきやら人形を抱く角度やら母親に口を出され、夜中は二度も三度も人形に起こされ、と散々な目にあいました。

翌朝、眠い目をこすりながら登校したE君は、早速保健室で人形と付随のブレスレットを返却し、お役ご免の身となりました。

惜しまれつつも（?）終了してしまったこの子育てプロジェクトは、「人間の健康と発達」という保健の授業の一貫として、妊娠や出産について勉強をした後に行うものだったそうです。決してビデオや書物では教えられない究極の体験ですね。これは単に「育児とはこんなにも大変なのだ」という教えでなく、「うっかり余計なことをしたら、人生はこんなになるよ」という究極の避妊教育とも思えるのですが、多分そうですよね?

保護者談話①

父親として子どもに最も望むのは、
「自分の脳みそで考えたことをやって、責任を取る」こと

「伝える→自分で考えろ→学び取れ」がインターナショナルスクールの教育

清田　順稔（きよた　じゅんじ）
出版社経営
ご本人の国籍／日本　奥様の国籍／日本　留学経験／ご夫婦とも無
子ども／長男（インタビュー実施時は十二年生）と次男（同一十年生）

私は京都の出身です。京都といっても中心の方ではなく、ちょっと田舎というか、はずれたところです。留学とかホームステイとか、外国と縁のある経験をしてはいません。ずっと日本で暮らし、普通に高校まで地元の学校へ行って、大学で東京へ出て上智大学に通い、卒業して京都に戻って働いていました。家内とは同じ大学でした。

長男が生まれてしばらくして、「幼稚園をどうしようか」と考え始めたのですが、「これ」

とひらめくものがなかったのですね。私はもともと型にはめられるのが嫌いというか、「皆一緒」という行動が苦手なのですが、いざ子どもを幼稚園に入れようとあたりを見回したら、ピンと来るものがない。それでいろいろ調べてみたら、京都インターナショナルスクールというのを見つけました。インターナショナルスクールに興味があって探したわけではありませんでしたが、たまたま見つけたと。調べてみたら通わせたくなって、幼稚園の年中組のプログラムに申し込んだら上手いこと入れました。

決めたのは私の考えで、家内はそれに同意したという形です。子どもが通い出したら「こんなに親の介入が多いなんて」と家内は驚いていましたね。実際関わるのは母親ですから大変でしたが、それなりに何とかやっていました。

長男が一年生を終えた時に東京に引っ越しました。ぜひインターナショナルスクールを続けさせたいと思いましたね。西町インターナショナルスクールを選んだのは、もともとが日本人を教育するための機関だからです。もとは日本人を教育するために外国人と一緒に学ばせるという考えだった学校で、日本語のカリキュラムもしっかりしているし、「これだ」と思いました。引っ越しに合わせて、長男は西町の小学校二年生に、次男は幼稚園（K５）に入ることができました。

長男は西町を卒業後（注・この学校は九年生で終了）、セントメリーズの高校に移りました。いくつか（インターナショナルの高校を）探して、自分で決めました。勉強はＩＢプログラム（二五九ページを参照）に入って、その後の進学先は自分で調べさせて、これからは日本の大学で勉強の予定です。次男は六年生で横浜インターナショナルスクールに転校しました。これも自分の意志で決めました。

西町に通わせたからといって、インターナショナルスクールはインターナショナルスクールですから、日本語力は弱いですね。それを補うには本を読まなくては駄目だと思います。読書をするかしないかの違いは、どんな学校に行っても同じでしょう。普通の日本の学校に行ったとしても、読書しない子は伸びないと思います。

日本の教育は「教える→受け取れ→記憶しろ」という流れですよね。インターナショナルスクールは「伝える→自分で考えろ→学び取れ」だと思います。

外国人の先生たちは、一言で言えば「度量が大きい」という感じです。生徒の行動や思考の細かいところより、大きい部分を見て評価してくれますね。自分が京都で学生だった頃に教師に恵まれなかったせいなのでしょうか、こういったあたりが大切だと考えていました。

「インターナショナルスクール向きの子とはどのような子か」というのは難しいところです。簡単に言ってしまえば、「鈍さを持ち合わせている子」でしょうか。物事にいちいち大きく反応するではなく「どんと構えていられる」といった感じが好ましいのでしょうね。

インターナショナルスクールは、日本文化に対する理解が高いです。自分の出身の学校を振り返っても、日本の文化に対して鈍感というか、インターの方が遥かに敏感です。

長男も次男も幼い頃から馬事公苑で馬に乗っていましたので、「普通の日本的な空気」はそこで学びました。乗馬のレッスンを受けながら、上下関係とか言葉遣いとか、そういったものを学んだのは貴重な経験でした。

子どもたちに対し私が最も望んだのは、「自分の脳みそで考えたことをやって欲しい」ということです。「自分で考え、責任を持つ」。就職もそうですね。彼らの人生は彼らのものなのです。だいたい親は学費を払うだけでもう手いっぱいですから、「卒業後は勝手にやってくれ」です（笑）。たまたま私は会社を経営していますけれど、これは私のものであって彼らのではない。継いでほしいと考えてはいません。本人たちもそうでしょう。「自分の未来は自分で決めなさい」と言い聞かせています。

もしインターナショナルスクールに行かず、日本の学校に行っていたら、彼らはもっと他人の目を気にする、あまり必要ではない競争心にわずらわされる人間になっていたと思います。

放課後だって多種多様

インターナショナルスクールにおいて、塾に通うという習慣は限定的です。外国籍の生徒向けの塾はほとんどありませんし、日本人インターナショナルスクール生でも、決して皆が皆通うわけではなく、通っていても、日本の学校の生徒ほどの熾烈さはなさそうです。

では放課後という時間、インターナショナルスクール生は、どう過ごしているのでしょうか。

まずは小学生に目を向けてみましょう。多くの学校では、一年生から学校内で「放課後のアクティビティ」なるものに参加が可能です。いわゆるクラブ活動です。自由参加で、支払いは学期ごと。二、三学年でまとまって活動します。なぜこのように早い時期からクラブ活動が設けられているかというと、日本語ではお稽古事ができない子が在籍しているからです。指導者は学校の先生とは限らず、外からの招聘《しょうへい》もします。運動系、文系、芸術系、折紙や茶道といった和のもの、そしてロボットデザインなどテクノ系と、種類は豊富です。

毎年大盛況のハイスクールスプリングミュージカル（アメリカンスクールインジャパン）

空いている日の放課後は、公園やお友だちの家で遊ぶ機会を持ちます。そのようなありきたりな経験も語学の向上にとって大切というのが、日本の学校の子どもとの違いですね。

高学年になると運動部が、中学では生徒会が加わります。ボランティアは低学年から授業の一環としても行いますが、クラブという別枠もあり、所属することで、より掘り下げた支援をすることができます。小学生のボランティアクラブが行うものの一例を挙げると、「ホームレス支援施設へ手製のおにぎりを持って行く」です。

高校ともなると、なかなかハイレベルな活動の場が与えられます。日本の学校と同じく、まずは運動部。そして卒業アルバム作成委員会やディベート、ゲームデザインといったものが目立ちます。政治や社会情勢を研究するクラブや、「模擬国際連合」というのもあります。多国籍が語り合うって、ちょっとおっかなそう、難しそう。

高校レベルのボランティア活動は、なかなかの充実度です。地域密着型の例を挙げると、障害を持つ子どもと手をつないでスケートをする、特殊支援学校の運動会を手伝う、といったもの。東日本大震災の折には、がれき処理班を編成し、現地で力仕事を行った学校もありました。国際的な活動では、アジアの恵まれない子どもたちの教育環境の整備を目的として寄付を集めたり、実際に出向いて労働や交流を行ったりします（渡航費は自己負担）。

演劇系はというと、次項で触れる運動部同様、インターナショナルスクールの特有の、期限限定モノです。お芝居やミュージカルは、キャストのオーディションと裏方の募集から始まり、公演の終了とともに解散します。超々濃密なスケジュールを二、三ヶ月間限定で経験する、という形式です。

学校の外を見渡すと、日本人向けの日本語での選択肢はもちろんのこと、英語でできる選択肢も多少見つかります。日本人の集団も経験しなきゃという日本人がいて、日本人に混ざりたいという外国人もいて、英語の環境でなきゃいやという外国人がいて、何でも英語で経験しようという日本人もいる、という具合。本当にこの社会はいろいろです。

スクールバスがある学校では、放課後の活動は終バスに間に合うよう、終了させなければいけません。活動が時間通りに終わっても、支度に手間取っていては危ない危ない。自分のバスめがけての猛ダッシュも、インターナショナルスクールの光景のひとつです。

運動部は季節限定

インターナショナルスクールは、小学校高学年、中学校、高校と運動部を設けています。日本の学校との大きな相違点は、活動は季節限定ということです。各運動部はインターナショナルスクールのリーグで決められた期間のみ活動し、最終戦に参加の後に解散します（同好会扱いの組織は通年活動）。土曜日に試合が組まれることは多々ありますが、練習は行いません。長期休暇に食い込んでの練習は、あってもわずかです。

試合は近隣のインターナショナルスクールや日本の学校と行います。高校レベルの極東リーグといった大きなトーナメントになると、グアムやソウルへ遠征といったケースもあります（渡航費は概ね自己負担）。

際立って選択肢が多い、アメリカンスクールインジャパンのハイスクールが設けている運動部を、リストアップします。

秋（八月末から十一月初旬）
男子：フットボール、テニス、クロスカントリー、チアリーディング
女子：バレーボール、テニス、クロスカントリー、チアリーディング
冬（十一月中旬から三月初旬）
男子：サッカー、水泳、バスケットボール、レスリング、チアリーディング
女子：フィールドホッケー、水泳、バスケットボール、レスリング、チアリーディング
春（三月中旬から五月末）
男子：野球、陸上競技
女子：サッカー、野球、陸上競技
（二〇一八年現在）

基本的にどの学校も中学までは「希望者は皆入部可、レギュラーと補欠の隔たりはあまり深く造らない」とのスタイルで、高校は選手を実力に応じて振り分け、緊張感を高めます。
季節ごとにチームを発足・解散させるのは、北米を始めとする外国の学校の制度を模しているからです。限られた時間のみで活動するという方法では、ひとつの技術をマスターする

体育の授業でも私服を着用（東京ウェストインターナショナルスクール）

には不利でしょう。野球のリトルリーグやシニアリーグの試合で、日本のチームが老舗のアメリカのそれより強いというのは、知られている事実ですよね。野球だけでなく、他の様々な競技でも、日本の学生のレベルの高さには驚くものがあります。しかし北米他諸外国では、一種類のスポーツに固執させるより、多種に関わらせ多様な筋肉を使わせる方が、若い世代の成長にとってプラスである、ひいては怪我や故障の予防にもなるという考えが浸透し、徹底されています。実際、秋にクロスカントリーでしっかり走り込んでいれば、冬のバスケットボールや水泳のシーズンを前にして、必要なスタミナが養われるという状況が望めますね。そして疲労の問題も軽減されます。物心ついて以来十数年間、名投手になるという夢しか追わずに生きてきた少年が「肩が壊れてもう野球は無理」と宣告されるといった悲劇は、季節ごとに競技種目を変える国々では起こりません。

季節ごとにチームが編成される制度では、生徒の気分も変わります。そして、あるスポーツでは人並み程度でしかなかった生徒が他の種目ではヒーローになり自信が持てる、逆のケースでは自信過剰になることが避けられる、といったメリットも望めます。「この時期はスポーツをしない」との選択をすれば、全く違うアクティビティに目を向けることができます。

季節ごとに違うスポーツをさせるとは、単に「勝負に勝て」「頂点を目指せ」ではなく、「豊富な経験を活かし、視野の広い大人になれ」というメッセージをも含むのでしょう。指導する側と見守る側のおおらかさが感じられます。

ゲイの先生たち

実を申せば、ゲイの先生というのは、多少いらっしゃいます。けれど、いくらインターナショナルスクールが多文化で、何でもあり的な寛容さを備えているからといって、さすがに自分はゲイだと公言する方はいないようです。

隠し通そうと頑張る教職員もいらっしゃるのかもしれません。けれども、こういった話は古株の保護者たちからいやでも聞こえてくるものなので、あっさりわかってしまいます。服装やしゃべり方でひと目でゲイとばればれ、でも世間の目なんぞ何処吹く風、という先生もごくたまにいらっしゃいます。うーん、強者。

記憶を辿ってみると、「△△先生はゲイ」という噂（もしくは事実）に大きく反応するのは、案外日本の保護者たちという印象がありました。諸外国の方々がまったく気にしないのではありません。日本人より動揺が少ないという程度の違いです。「自分たちにとってゲイは異質だけれど、教師としての仕事をきちんとこなしてくれさえすれば文句はない」というスタンスの方が大多数でした。

まったくその通り。いい加減な仕事をするヘテロセクシュアルな先生と、真面目に仕事をするホモセクシュアルな先生がいたとして、どちらに子どもを任せたいかは明々白々ですよね。

中学生、高校生ともなると、どの先生がそうかわかってしまうのですが、生徒たちはそのような事実や噂にはおおむね無反応、「だからどうよ」という感じです。なかには、「だからあの先生は細やかでやわらかくてありがたい」との意見もありましたっけ。うわあ、大人目線。ここにも「人は人、自分は自分」という立ち位置、そして他者の文化を尊重するとの意思が備わっているのだと納得させられました。

私んちの場合⑤

校長だけは例外です

英語を使用する人々には、「ファーストネームで呼び合いましょう」と持ちかける習慣があります。英語には「さん」「君」「ちゃん」にあたる単語が存在しませんから、ファーストネームを呼び捨てにするということです。けれど相手のほうが明らかに目上である場合、一般の日本人は躊躇《ちゅうちょ》してしまいますよね。

その昔、日本の中学を卒業後渡米した私が最初に通ったのは、全寮制の高校に付属するの英語学校でした。先生たちは皆三十歳前後という若さで、毎日朝から夕方まで、英語とアメリカ文化を留学生たちに叩き込んでくれました。

この英語学校には、「生徒は先生をファーストネームで呼ぶ」という決まりがありました。これからアメリカの生活に馴染んで行く外国人生徒たちにとって、状況によっては目上でもファーストネームで呼び捨てにするという行為は、一様に身につけておくべきスキルであるとの見解だったのでしょう。しかし十五歳になったばかりの私には難題でした。

困り果て、「ミスター（ミセス・ミス）〇〇」と小声でぼそっと呼びかけると、「教師はファーストネームで呼ぶ決まりだ」と厳しく叱られたものでした。

インターナショナルスクールでは、生徒たちは皆ファーストネームで呼び合います。年齢は関係ありません。高校生が幼稚園生に向かって話しかけるのもその反対も、きょうだい同士でも、「ねえ、和哉」「あのさ、美菜」といった具合です。

呼び捨ては子ども同士だけの現象ではなく、教職員も保護者も生徒を呼び捨てにします。日本人の先生も例外ではありません。「次の漢字をボードに書いてくれる人はいますか、では悠介にお願いしようかしら」といった具合です。日本人の保護者が呼び捨て文化に染まるのももちろんアリです。さすがに日本人の保護者同士はさんづけですが、生徒たちを呼び捨てにするのは普通にＯＫ！

保護者同士や生徒同士、保護者と子どもといった関係での呼び捨てに慣れるのには、そう時間がかかるものではありません。日本人にとっての「うっひゃー」は、保護者が教職員を呼び捨てにするという慣習！　全部のインターナショナルスクールが容認してはいませんけれど、うちの子どもたちの学校にはありました。

教職員を呼び捨てにするのに抵抗感が少なそうなのは、アメリカ、カナダ、オーストラリア、ニュージーランドといった国々出身の方たち。「グッドモーニング、クリス」「ハロー、ジェニファー」と、くったくなくご挨拶。教職員たちも保護者に、「ハロー、リンダ」なんて返します。当然会話の中身もそうなるわけで、「その話は私ではなくてケリーに相談してください」なんて言っていても、そのケリーという人物は教頭先生だったりするわけです。

十五歳で「目上呼び捨て大特訓」をくぐり抜けた私でも、自分の子どもを指導してくださる先生たちをファーストネームで呼ぶのには抵抗がありました。結局、在校生保護者という時代はずっと「ミスター・ミセス・ミス何々」で通し、卒業生保護者という立場になって以降、ファーストネームで呼ぶとの切り替えをしました。今でもバザーなどの行事で子どもの母校を訪れますが、その際は旧知の教職員の皆さんを「フィリップ」「ジョン」と気負いなく呼びます。けれどもなぜか、子どもらがお世話になった校長先生だけは「ミスター○○○○」と苗字で呼んでいます。幾年も前に離日され、思い出話に登場するだけの存在ですが、いまだに校長だけは例外です。

第6章 インターナショナルスクールの「ひゃあ！」

出費という名の悪魔たち・上

さてここでは、これまで取り上げていなかった話題に触れます。「取り上げる勇気がなかった話題」とも言えます。費用の話です。気になりますよね。

「インターナショナルスクールは学費が高い」というのは定説です。そして残念ながらそれは本当なのです。しかも半端でなく高い。

ごくごく一部の例外を除き、インターナショナルスクールは各種学校です。それは、日本の政府からの助成金は貰えないという意味です。それでも少人数制で（ひとクラス二十から二十五名程度）きめ細やかな授業をするのは大前提ですから、教員の質と量の確保は必須です。校舎や校庭といったハード面の整備・充実は当たり前。教材や備品の多くは海外からの取り寄せですし、コンピューターやタブレット端末はふんだんに用意されますから、いやがおうにも高額な学費になってしまうのです。

一般的に、インターナショナルスクールの学費は、年間二百万円前後と言われています……悪魔のような数字ですよね。しかし潜んでいる悪魔は単体ではありません。入学金や学費といった「表」の悪魔とは別に、夏のプログラムという名の「裏」の悪魔も隠れています。真剣に入学を検討する方も、この本は何の気なしに開いてしまっただけよという方も、ここでその悪魔たちの正体の検証をしてみましょう。

学費は学校によって、段階によって（プリスクール、幼・小・中・高）、ばらつきがあります。最初の数年はやや控えめな額でも、学年が上がるほど学費は上昇するのが常ですし、学費とは別途に「旅行費用」「ＩＴ代」といった名目で請求が来るケースもあります。制服導入の学校では、数年おきに制服代がかかります。多めに見積もり、「支出は年間二百から二百五十万円」と覚悟しておくのが賢明と思われます。初年度は入学金・施設使用料といったものが、六十から九十万円程度追加されます。

「初年度費用九十万円、平均して一年間で二百三十万円」の学校に通い続けたとして、単純計算すると、

二百三十万円×十三年（Ｋ５から高三まで）＋初年度の九十万円＝三千八十万円

これはプリスクールを含めない額です。プリスクールに二年通わせたとすると、総計で三百万から四百万円強の出費と想定されます。

正規の授業以外に、英語の補助プログラムを受ける場合（設けていない学校もある）、年間三十から五十万円程度の別途請求が来るもようです。

途中で転校すれば、転入先の入学金と初年度経費として、新たに百万円程度を用意しなければなりません。

学費は一年分を全納する必要はなく、分納も許されます。「きょうだい割引」を設けている学校もあります。

日本の私立学校と比較してみましょう。慶応義塾に幼稚舎（小学校）から高校まで十二年間通わせると、小中高三校の初年度経費を含む総額は、おおよそ千四百万円です（二〇一八年発表のデータ）。天下の慶應義塾をもってても、学費はインターナショナルスクールの半値以下！

慶応義塾、慈恵、順天堂といった「お手軽め」と評される私立の医大にかかる学費は六年間で二千万円強、最も高額な川崎医科大学は六年間で五千万円弱と発表されています（二〇一八年のデータ）。インターナショナルスクールに幼・小・中・高と十三年間通わせるとは、日本の私立の医学部に送るのと同様の覚悟が必要になるのですね。

ここまでが「表の悪魔」の説明でした。「うっひゃー」でしたか。次項では「裏の悪魔」の解説をいたします。ここまで耐えていただいたのですから、脱落せずに読み続けてくださいませ。

出費という名の悪魔たち・下

前項では学費について考えていただきました。この項で取り上げるのは、学費以外で最大級の出費と言われる、夏のプログラムです。

大多数のインターナショナルスクールは、二ヶ月程度の夏休みを設けています。生徒にとって長い休みは大いに魅力的ですが、英語ネイティブではない子どもたちにとっては、英語力が落ちるという危険に満ち満ちた時期でもあるのです。日本人家庭は、「夏の間、子どもに何もさせないわけにはいかない」と焦ります。通常インターナショナルスクールの夏休みの宿題は、課題図書を数冊読む程度に留まり、計算ドリルや自由研究といった類の宿題は出ません。運動部はというと、新学期直前に少しだけ練習日を設ける高校は幾つかありますが、夏合宿なんて代物は存在しません。つまり、子どもたちは超ヒマ。宿題に追われるストレスからの解放は親にとっても子どもにとっても誠にありがたいものですが、まったく何もせず過ごすのも退屈過ぎますし、何はさておき、英語力の低下という、メガトン級の危機感が募ります（親だけですけど）。

身近なところで喜ばれるのが、国内各地のインターナショナルスクールで開催される英語のサマープログラムです。長期にわたって人気の、アメリカンスクールインジャパンと聖心インターナショナルスクール（東京都渋谷区）を例にあげてみましょう。アメリカンスクールの対象者は幼稚園から十年生で、費用は三週間（月～金、八時半～十五時）で十万円強、聖心インターナショナルスクールの場合は幼稚園から八年生まで、二週間で八万円強です。両校とも、よそのインターナショナルスクール生の参加を歓迎しています。

他にも国内での選択肢はありますが、小学校高学年から上の世代になると、アメリカやカナダで開催されるキャンプやサマースクールに注目が集まります。それらをおおざっぱに区分けすると以下のようになります。

*泊まりのキャンプ。三週間から最長で七週間。大自然の中で身体を動かす、創造性を高めるといった遊びをする。男女別が多い
*通いのキャンプ　一週間単位でリピート可といったもの。コンピューター技術、バスケットボール、演劇など、ひとつの目的に特化したプログラムが中心。運動系は男女別
*軽めのサマースクール　泊まりもしくは通い。三週間から五週間程度。午前中は勉強、午後

はスポーツやアート、週末はキャンピングといった内容

＊シリアスなサマースクール　泊まりもしくは通い。五週間から六週間程度。朝から夕方までみっちり勉強。音楽や演劇を集中的に学ぶものや、高校の教科の一年分の単位が取得できるものもあり

宿泊込みの場合、五週間のサマースクールの参加費は七千ドルから九千ドルと考えるのが妥当のようです。七週間のキャンプであれば、一万ドル強が必要です。

主催者のほとんどは、参加者を近隣の空港に送迎する制度を用意しているので、子どもを単独で送り込むことは可能です（年齢によっては、航空会社の子どもエスコートサービスが必要）。しかしながら、火山の噴火やテロによる空港の閉鎖といった不測の事態は起こりえますから、よくよく考えなければいけません。

通いのプログラムは泊まりのそれと比べて格段に値段が下がりますが、宿泊や車を用意する分、様々な経費が加算されます。民泊の他、キッチン付きという滞在型のホテルで暮らすこともできます。キャンプの参加費以外にかかる費用は、旅行する人数分の飛行機代、宿泊や食事

にかかる費用、週末の遊興費、コインランドリーの使用料、レンタカー代とガソリン代といったところです。

つまり、高学年の子どもひとりに充実した夏を経験させるのには、百万円前後の出費を覚悟する必要があるのです。五年生から十二年生まで夏に長期のプログラムを経験させたとすると、前項の学費の計算式（二百三十万円×十三年プラス初年度の九十万円＝三千八十万円）に、八百万円が加算されるという結論です。ひゃ〜。

学校は海外でのキャンプやサマースクールに参加をすすめることはできますが、強制はできません。夏の過ごし方は各家庭の判断で決めるものです。「何もせずに過ごしてはならん」なんてどこにも書いていないのですから。

とはいえ、やはり皆さん子どもに有意義な夏を過ごさせようと、様々知恵を絞るわけです。

思いっきりびびりますよね、この出費という名の悪魔たちの存在ったら……インターナショナルスクール社会にはびこる、最大最強の敵です。

春先の悪夢&夏中続く悪夢

前項でご紹介した高学年の子どものための夏の海外プログラムの準備は、過酷な試練の連続です。段取りはというと、ニーズに合いそうなプログラムを探し出し、メールをやりとりして探りを入れ、親子で協議を重ね合意をとりつけ、旅行プランを立て、申し込みをし、代金を払い込み、計画を遂行する、という具合。

春先に準備が無事完了してひと息つくと、夏には計画の実行という新たな局面を迎えます。「私は留学斡旋屋か！」「旅行代理店か！」「添乗員か！」と親がキレ続けた後、子どもはどこかへ落ち着いてくれるわけです。ひー、やれやれ。

毎年冬休みがあける頃から、ママたちは一斉に焦り始めます。「考えたくない」と先送りしたくなる気持ちに甘んじていると、人気のプログラムはさっさと定員に達してしまいますから恐ろしい。そもそも親の意向と子どものそれが一致するかどうかは誠に怪しく、多くの家庭ではこの点が最大の難所になります。いくつかのバトルを乗り越えやっと親子で合意にこぎつけても、定員いっぱいだと断られてしまったら、せっかく目鼻がついた計画はあっけなく振り出しに戻る運命に。「上の子は入れたけれど、下の子はキャンセル待ち」なんて悲劇も起こります。

プログラムに参加させなきゃいけない訳ではないけれど、海外に送れば偉いってものじゃないけれど、長～い長～い夏休み中、大きな子どもに毎日家でごろごろされてはたまりません。外国人の仲間は母国へ帰ってしまい、日本人の仲間もキャンプだサマースクールだと海外に出払い、地元の学校に通う友人たちは夏期講習だ部活だと不在。近年インターナショナルスクール生対象の塾もぽつぽつ誕生しましたが、海外のサマースクールに比べると、内容も期間も限定的です。

あり余る時間をどう過ごせば良いのでしょう……

毎日昼ごろになってやっと起き出し、ご飯を食べ終えたらゲーム機やソーシャルネットワークをいじくり回し、それらを止めさせればユーチューブで延々何かを眺めて笑い転げているし、無理やり外出させれば何時に戻って来るかわかりゃしないといった状況。その間、子どもの頭からどんどん英語は抜けて行くし、じゃあ日本語が上達しているかといえば決してそうではないし……親はすっかり「夏休みの馬鹿っ！」といった心境。

日本の学校に子どもを通わせるママ友たちとおしゃべりをしていると、「夏休みだというのにずっと部活ばかりでさ、毎朝早くにお弁当を作らされるのよ、洗濯物は凄いし、あたしゃたまんないわ！」など、嘆く声を聞きます。「けれどそちらは夏中ってくらい長期間やってるんでしょ、夕方まで拘束してもらえるんでしょ、親はお弁当ささえて洗濯してりゃいいんでしょ、日本の部活って素晴らしい」……部活に送り込むという選択肢を持たないインターナショナルスクールの母たちは、ある時はっと気づくわけです。

無論、夏の部活を賞賛しまくるのは単純過ぎというものです。けれど元気ばりばりの中学生高校生が連日朝早くから一日中身体を動かし、コーチや先輩たちにしごかれて、さらには後輩たちから突き上げられるなんて、「正しい青春時代の過ごし方」ではないでしょうか？　こちらにその選択肢がないとは残念無念。

ですから、「夏の間、子どもに充実した時間を与えたい」と願うと、たとえ煩雑な準備や安否の心配、そして大いなる出費（！）にわずらわされるとしても、長い期間拘束してくれる海外のプログラムに目を向けるというのが、インターナショナルスクールの保護者たちの習性です。泊まり込みの五、六週間といったプログラムが日本国内にあれば海外に送らなくてもよいのですが、その選択肢がないのだから仕方ありません。

八月末からの秋学期が、保護者たちにとって最も心穏やかな季節なのかもしれません。次の夏の計画作成開始まで、しばしの猶予があるのですから。

サンタクロースも駄目よ

もしあなたが「人は誰でも、子どもであれば特に、クリスマスはとびきり楽しみなイベントと待ちこがれるもの」という認識をお持ちであったら、即却下いたしましょう。クリスマスはキリスト教のお祝いごとです。それはつまり、キリスト教徒ではない人々にとっては無縁のもの、もしくは歓迎しないものなのです。

「はああ?」でしたか。けれど本当です。世界史の本の一、二冊を紐解いてみてください。世の中、宗教をいい加減に扱うと大変やっかいなことが起こる、という証拠がここそこに書かれています。「じゃあそれはインターナショナルスクールにどのような影響を及ぼすのか」という質問を投げかけると、宗教的に超寛大な一般の日本人は、どのような想像をするのでしょうか。

キリスト教系のインターナショナルスクールであれば、クリスマスを祝うという行動に問題なしです。通っている生徒たちはその学校の宗教的なバックグラウンドを理解した上で入学したわけですから、学校の宗教色に反発することは筋違いですし、反発されたとて、学校にはあれこれ対応する義務はありません。ですから、ここでは普通にクリスマスを楽しむ！

クリスマスに対して何かしらの配慮を要するのは、キリスト教系ではない学校の数々です。「うちはキリスト教系です」との意思表示をしていない場合、キリスト教色の強いイベントを行うのはルール違反、と見なされる可能性があるからです。

多くの学校は冬休みの前に合唱会といった発表の場を開催しますが、非キリスト教系の学校であれば、「ウィンターコンサート」「ウィンターホリデーコンサート」といった名前が付けられています。

非キリスト教系（無宗教）の学校において、合唱会で賛美歌やクリスマスキャロルを歌うかは、各自で方針が異なります。妥協案として、コンサート解散後に屋外で「おまけとして歌う」との形をとる学校や、キャロルを歌わせるのならハヌカ（十二月に祝われるユダヤ教のお祭り）の歌も歌わせるという学校があります。

クリスマス色排除ということは、ツリーはなし。「メリークリスマス」という挨拶もなし。サンタクロースの訪問もなし。

これが非キリスト教系インターナショナルスクールにおける、「しかるべきクリスマスの過ごし方」です。もちろん、個人レベルでは違いますよ。

友人の子どもたちが通った都内のプリスクールでは、冬休み前最後の登校日に「ウィンターフェスティバル」というお楽しみ会を開催しています。そこにはサンタさんの訪問が含まれるのですが、それは会の終わりの時間に組み込まれていて、「サンタクロースに会わないことを希望する家族は、この時間の前にお帰りください」という配慮がされています。選択肢を用意するとは、宗教的な中立性を最低限は確保した、という表明なのですね。

日本的感覚で見れば、「相手は幼い子どもたちなのだし、何もそんな目くじらをたてなくても」と違和感を感じられるのでしょうが、いちいちけじめを付けるのが国際的視野というものです。多様性を受け入れるとは、案外面倒くさいのです。

話は脱線しますが、モルモン教の信者さんたちに「やっぱりコーヒーも飲まないんですか」といったコメントをするのは感心しないと申します。発言する側は無邪気でいても、受ける側は「いつもうんざりだ、勘弁してくれ」と感じている可能性があるからです。とにもかくにも、宗教的な慣習に対し気軽に発言するのはＮＧ、と心得ましょう。

インターナショナルスクール社会における冬休み突入直前の挨拶は、「ハッピーホリデーズ」が主流です。無論、「メリークリスマス」と言って問題ない相手ならばそう挨拶して構いませんし、言ったのを他の誰かに聞かれて気まずくなることもありません。けれど、「この人はどうだっけ、どっちを言うべきだっけ」と考えるのも面倒だから、一律「ハッピーホリデーズ」でまとめちゃうに限ります。

私んちの場合⑥

頭ジラミ格闘記

時折インターナショナルスクールでは、頭ジラミが発覚します。長期休暇の後といった時期が多いので、「途上国の秘境といったリゾートへ旅行した家族が持ち込んでいるのでは」という説が有力視されていますが、真相は明らかではありません。最近は日本の学校でもごくたまに同じ事件が起こるとそうですが、うちの子たちが在学当時、頭ジラミはインターナショナルスクール固有の問題と言われていました。

冬のある日、学校の保健室から「お嬢さんの頭にシラミが」との電話を受けました。一年生の間でシラミ問題が発生したので、看護師さんが学年全員をチェックしたところ、うちの娘も引っかかっていたのでした。秘境へ旅行になんか行っていませんでしたから、誰かにうつされてしまったに違いありません。「低学年の子どもは身体をくっつけ合う機会が多いので、年上の子たちより伝染が容易です」との説明に、即座に納得しました。

「これですよ」と看護師さんが、娘の頭皮に生息するシラミの卵を見せてくれました。

覗いてみると、黒髪の根元には、ふっくらつやつやと水気を帯びた白いものがあちこちに……。

日ごろは学校全般に満足しているくせに、こういうピンチに直面した途端、「どうして子どもをインターなんかに入れちゃったんだよう！」と毒づくとは大人げない。しかし、それがシラミの卵と初対面した際の私のガチな本音でした。

とはいえ、ここはひとり自責の念を募らせている場合ではありません。一刻も早く、敵を撃退しなければならないのです。のんびりしていては、自分や家族にも伝染してしまうのですから。

保健室には、外国製の「頭ジラミ駆除シャンプー」が山と積んでありました。これを一本分けてもらい、即帰宅。娘の頭をしっかり洗った後、櫛《くし》を使って頭皮に貼り付いた卵を探し出し、指でひとつひとつつまんで取り除くという作業を実行。家族全員のバスタオルとベッドシーツ類を替え、洗濯しました。それでもって、家中の櫛とヘアブラシも洗浄。精神的なダメージを受けている上にひたすら洗濯という労働を強いられ、精も根も尽き果てました。

指示通りシャンプーと卵除去を続け、もう大丈夫だろうと安堵した数日後、保健室からまさかの再出頭命令。「再発ですか？」とおそるおそる娘の頭を覗くと、そこには頭皮の上を機嫌良さげ（妄想です）に散歩する、孵化した成虫の姿が！

へたり込みそうになりつつも、そんな弱気では敵の思う壺と気を取り直し、人差し指でご機嫌お散歩虫をぶっつぶすことを決意。その気持ち悪さったら、手間のかかることったら……娘の頭を丸坊主に刈ってしまおうかと、マジ本気で考えました。

より強力なシャンプーを貰い、幾日もしつこくシラミ撲滅作戦を遂行し続けた末（「しらみつぶしに」とは言ったものです）、ついにお邪魔虫軍団の一掃に成功しました。

これを最後に、我が家はシラミとの縁を切ることができました。めでたし、めでたし。

スマホの画面やイヤホンを仲間と共有することは、シラミの移動にとって好都合。「呑気にユーチューブを覗き合ったりしていると、お友だちの頭からシラミちゃんがお引っ越ししてきちゃうかも」なんですって。きゃーっ。

発音の悲劇

この本の前の方で紹介した通り、インターナショナルスクールの保護者たちの英語力は千差万別です。入学以来ひたすら向上中という方もいます。日本人限定の事情ではありません。ヨーロッパ、中東、アジア、アフリカと非英語圏出身者は大勢いて、「英語って難しい」と嘆く声は幾らも聞こえます。恥をかいたり墓穴を掘ったり、語学にまつわる喜劇悲劇の種は尽きません。LとRの区分けに難ありの我が民族であれば、「カレーとご飯（rice)」と言おうとして、「カレーとシラミ（lice)」なんていうしくじりはざらですね。「頭にシラミ（lice）の卵が」と言うつもりで「頭にご飯（rice)」の卵が」ってのもあったか。

しゃべる機会が多いとはやらかす機会も多いわけで、初心者には初心者レベルの、上級者には上級者レベルのしくじりが待ち受けているのです。いちいち凹んでいたら、身が持ちません。

子どもが親の発音を矯正してくれるかどうかは、疑わしいところです。教えてくれる子どももいれば、我関せずという子もいます。従順に教わる親もいれば、反発してしまう親もいますものね。ヤバいのは、直すことが多すぎて、語学のセンスがなさ過ぎて、子どもに「こんな親、教えても無駄」と見放されるパターン。つまるところ、子どもに親の発音を指導する義務はありません。

どのインターナショナルスクールでも、教職員はいつも寛容な態度で接してくれます。コミュニケーションに難を来すことはあっても、意図的に恥をかかせるような行為は決してされませんから大丈夫。

英語の難しい点は多々あれど、なかでも名前はややこしい。そして、一度間違って覚えてしまうと後で修正がききにくいというのが、大人の悲しいところです。その上、子どもをあれこれ正すのは簡単ですが、大人同士でミスを指摘し合うのはかなり難しいですよね。通常、ミスはそのままスルーという、時と場合によっては誠に過酷な運命をたどります。そして、正しい発音で言えたとしても、それがよろしくない意味を含んでしまうとまた大変……。

思い出深いケースを、ふたつご紹介いたしましょう。

その一　ミセスバカと呼んでるんだってば

うちの子どもたちが通った学校には、「モラン」という名前の女性の先生がいらっしゃいました。発音は「ラ」にアクセントがつきます。

しかし、この名前は、英語に不慣れな日本保護者には難しかったのです。耳慣れない「モラ・ン」という名前を記憶しようと努力しているうちに、そして全国民的に難しいRの発音に気を取られているうちに、多くの方が「ラ」ではなく「モ」にアクセントをつけてしまいました。先生を話題にして語る際もそうでしたが、直接ご本人にも「エクスキューズミー、ミセスモラ・ン」と問いかけ。ひゃーっ。

「モ」にアクセントを付けてしまうと、発音がmoronという単語にぐっと近づいてしまうのです。ちなみにその単語の意味は、「バカ、間抜け」です。まずいでしょ。日本人も外国人もその意味を知っている保護者たちは、ミセスモランを見かける度、いつどの日本人が「やってしまう」か、ひやひやどきどきでした。

いつの日もにこやかに対応していらしたミセスモランには脱帽でした。数年後、モラン先生は台湾のインターナショナルスクールに転勤されたのですが、台湾の人々は彼女の苗字を正しく発音できたのかな、と後日我々は語り合ったものでした。↑大きなお世話。

その二　デブと呼べと言われても

英語の名前（ファーストネーム）には、愛称や短縮した呼び方が多くあります。エリザベスがベスやベッツィー、キャサリンはケイト、アレキサンダーはアレックス、ロバートだったらボブ、ボビーとあり、「ケイトと呼んでください」「アレックスと呼んで」と、自己紹介の際に付け加えられます。

難しい要求ではありません。パターンはほぼ決まっていますから、慣れると「ロバートだから、ボブとかボビーとか呼ぶんでしょ」と予想がつくのです。しかし困るのはデボラさん。「デビー」であれば問題なしですが、もうひとつの短縮形は「デブ」なのです……。

大真面目に「プリーズコールミーデブ」と言われてもねえ。実際、私が仲良しだったデボラは「アメリカの常識でも超大型サイズ」といった具合。それで「デブと呼んでください」とは、あんまりじゃないですか。

モランと違い、デブって発音に変化のつけようがないのです。英語初心者も上級者も、皆例外なく超正確にデブって言えちゃうんですから。

諸外国出身の皆さんは、「ハローデブ！」「グッバーイデブ！」とほがらかに声をかけていましたが、毎回日本人には背筋が凍るような光景でした。

結論

インターナショナルスクールって、どきどきすることがあり過ぎ。

スルーは御法度

「インターナショナルスクールでは、自分の意見をはっきりと言えるように育てられる」と言われますが、内情は全くその通り。感想を尋ねられた際、「別にぃ」「何もぉ」といったスルーは御法度です。遅くとも小学校高学年程度までには、「意見を求められたら必ず何か内容のある反応を返す」ときっちり躾《しつ》けられているはずですから、どのような質問に対してもそれなりの見解を述べられなければ、幼稚っぽいとの批判を受ける危険があります。生徒は皆無意識のうちに、そのように心得ています。

世界中どこでもいつの世でも、能弁さは大きな強みであると同時にやっかいごとのもとにもなってしまうという、諸刃《もろは》の剣《つるぎ》ですよね。能弁さのおかげで、インターナショナルスクール生は、「やっちゃった」を結構やっちゃいます。

かつて我が国で民主党なる政党が与党だった時代、某インターナショナルスクールの高校生だったS君は、とある民主党の若手衆議院議員のもとで、短期間のインターンシップを経験しました。その代議士さん自身も海外育ちだったので、インターナショナルスクール生を面白がって採用してくれたのです。年齢が年齢でしたから、S君は秘書さんの後ろを付いて歩き、単純な雑用を手伝うといった程度の仕事に従事していました。けれど、見ること聞くことすべて目新しいものばかり、そしてテレビで見て知っている代議士さんたちと議員会館の廊下ですれ違ったりと、なかなか刺激的な日々でした。政治にさほど興味を抱いていなかったS君でしたが、「一日をどう過ごしたか、どのような人と出会ったか、どのようなやりとりを耳にしたか」といった話題で、毎晩家族と盛り上がりました。

インターンシップの最終日、代議士先生は「ご褒美に」と、S君を国会議事堂内の議員食堂に連れて行ってくれました。あまり直接お話しする機会が持てなかったS君は、先生と向かい合っての会食に大きく胸をときめかせました。会話も大いに弾んだそうで、海外育ちの先生は、S君を対話のしがいのある若者だと感心したに違いありません。

時の経つのも忘れそうなほど楽しい会食が終わりに近づいた頃、S君は「がああ～ん」と頭をぶっ叩かれたような経験をしたのでした……目の前に座る先生に、「君は小澤先生をどう思っている？」と質問されたのです。

その当時、小澤一郎代議士は政治献金の記載を巡り、裁判につぐ裁判に追われていた時期で、マスコミはこぞって彼に批判的でした。そんな話、どの角度から検証しても、超超超繊細な問題に間違いなし。しかもここは国会議事堂、周囲は議員さんや秘書さんばかり、そして目の前に座ってにこやかに質問するのは、人呼んで「小澤チルドレン」のひとり……。

インターナショナルスクール育ちのS君に、「別にぃ」や「何もぉ」といった逃げは浮かびません。脳はいつものように「何かはっきりした意見を言え！」と命じていたに違いなし。ここがインターナショナルスクール生の悲しい性《さが》ですね。何か言わなきゃとのプレッシャーは高まる、けれど半端な見解を述べてはやばい、しかしこの場に助け船を出してくれる仲間はいない……気がつくと全身には冷や汗がたら～り。

「最終日はどうだった？」と無邪気に微笑む母親を前に、帰宅したS君はぼそぼそと会食での顚末《てんまつ》を語り始めました。

「で、何て答えたのよ？」

「『この件（小澤代議士の個人献金を巡る裁判）については、父や母とも時々話すのですけれど』ってさ」

「自分の意見を言うのに、私たちを巻き込んだのねっ！」

「小澤チルドレンに向かって、前置きもなしに『僕はこう思います』なんて切り出せるわけないだろ！」

「それで？」

「『父や母とも時々話すのですけれど、やはり小澤先生は国会議員でいらっしゃるから、情報公開は徹底していただきたいと思います』って」

お母さん、「ふうううう」と、安堵して脱力。


不器用で知られるS君、今回はファインプレイ。

それにしても、スルーという逃げ道を持たないインターの生徒に向かってあの質問はあんまりでしたよ、○○先生！

私んちの場合⑦

国内旅行のすすめ

インターナショナルスクールに通わせていると、日頃から外国の情報に興味を傾けがちです。長期休暇の前後、日本人同士での「どこへ行く？」「どこへ行った？」という会話の中で耳にするのは、プーケットだとかロンドンだとか、海外の話が多くを占めます。

夏に子どもを海外のプログラムに送り込むと、そこで結構な散財をしてしまいます。「送りがてら（迎えに行きがてら）、ついでに皆で小旅行」といった計画は立てやすい一方で、それとは別途にどこかへ、とは考えにくくなってしまうのです。

インターナショナルスクールは修学旅行を企画してくれますから、親が連れて行かなくても、子どもたちは箱根だ京都・奈良だ、と行ってくれます。広島で原爆体験者からナマの声を聞く、なんて経験もします。けれど、学校だって毎年あちこち連れて行ってくれるわけではないし、仲間がいれば注意は散漫になるし、国内旅行は学校にお任せしっぱなしというのもナンじゃないですか。

国内旅行って割高なんですよね。でも国内各地を見て歩くのも楽しいものです。おすすめします。行きましょうよ。

我が家では「体験モノ」が好評でした。金沢では三味線屋さんで三味線演奏の体験、金箔工房で金箔貼り体験、京都では風呂敷の染めつけ体験と、探せばいろいろ見つかりました。京都の太秦《うずまさ》映画村や日光江戸村、岩手県奥州市の藤原の郷《さと》といった時代劇のロケ地では、その世界に入り込んだような錯覚も楽しめましたね。

妻籠《つまご》宿・馬籠《まごめ》宿といった中山道の宿場を訪れたのは、子どもたちが六年生と二年生の冬でした。江戸の昔からの風景を頑固に残した妻籠宿のメインストリートを目にした途端、二人は「ダイアゴンアリー！」と叫び声をあげました。その古風な町並みが、ハリーポッターの映画で見慣れていたイギリスの風景と重なったのです。ふたつの土地が外見的にそっくりであったわけではありません。醸し出す趣が微妙に類似していたのを、彼らが直感的に察知したのでした。

その中山道の旅の後、六年生の子には「囲炉裏《いろり》に集う家族の席次」というレポートを書かせました。「囲炉裏にも上座・下座があり、家長、跡継ぎ息子、次男以下の息子といった男たちに席次があり、嫁、姑、娘といった女たちにもある」との資料館のボランティアさんの説明を、解説図付きでまとめさせたのです。囲炉裏を巡っての席次は男尊女卑という単純な図式ではなく、「老若男女各々の地位と責任に敬意を表す」といった意識が形にされたものでした。

自国の文化を学ぶと、他国の文化が理解しやすくなると言われます。そして他国の文化を学ぶと、自国の文化をより鮮明に理解することができるとも言われます。体験すれば実に簡単に、それらの説は正しいと納得します。外国だけに行ってばかりでは、この「シーソー現象」は経験できないでしょう。

保護者談話②

自分は卒業生。子どもは現役生。
超ベテランおかあさんに聞く

母娘二代。インターナショナルスクールの昔と今

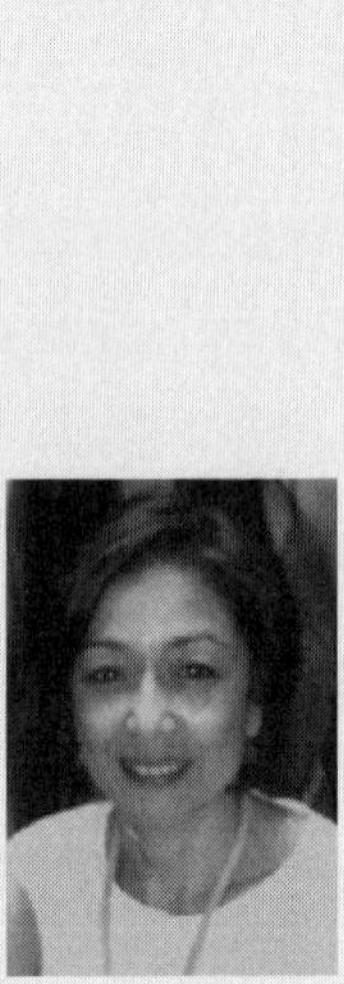

関満グレース（せきみつ　ぐれーす）

ご本人の国籍／アメリカ　ご主人の国籍／日本　子ども／長女（インタビュー実施時は大学三年生）と次女（同インターナショナルスクールの十一年生）

私が通っていたころの横浜インターナショナルスクール

国籍はアメリカですけれど、横浜生まれでずっと横浜に住んでいました。横浜インターナショナルスクールにはトータルで15年（プリスクールから12年生まで）いました。大学はアメリカです。

私が通っていた頃のＹＩＳ（横浜インターナショナルスクール）は若い学校でした。

今と全然違い、建物も少なかったし、体育館も運動部もなかったし、小さな学校でしたね。私は第四期の卒業生です。学年は全部で二十人。正確には思い出せませんけれど、全校合わせて（十五学年）も三百人もいなかったのかもしれません。おかげで生徒たちも先生たちもみんな顔見知りでした。今でも当時の友人と会ったり、先生と連絡を取り合ったりしています。生徒は外駐在員の子供もいれば、宣教師の子供もいれば、日本人の家庭の子もいて、なかには親の考えで日本の学校に行かなかったという子もいました。帰国子女はほとんどいませんでした。その他には定住のアジア系と、明治維新の頃に来て日本に住み着いた外国人の家族の子供たち。国籍はいろいろでした。日本語教育はちゃんとありました。厳しい先生がいらしたのですよ。私は上級クラスだったから、漢字も沢山習ったし文章も書かされました。修学旅行で永平寺（福井県）に行ったり仙台に行ったり、あと三宅島にも行きました。皆高校の時ばかりで、中学生以下の時は何もなかったと思います。

父がアメリカ人の軍人だったので、私を基地の学校に入れるという選択肢もありましたけれど、母の友人の薦めで、ＹＩＳに入れられました。

勉強にアクティビティに気ぜわしい感じがする今の子どもたち

今のインターナショナルスクールの生徒たちを見ると、（上の学校へ進むための）内申書が頭にちらつくせいか、勉強にアクティビティに気ぜわしい感じがしますね。昔は高校生でももっとゆったりしていていました。私が居た当時（一九六〇年代中盤〜七〇年代後半）のＹＩＳは、学業だけでなく社交的にものんびりしていましたね。ちょっと「枠からはみ出しちゃった子」といった子もいたけれど、学校はそのような子たちでも受け入れ受け止めていました。大らかだったのですね。ＩＢプログラムを導入するとか、ＹＩＳが今の様な進学校になったのは、私が卒業した後です。

夏は三ケ月の休みがありましたけれど、過ごし方は「特に何も」でした。高校生の終わり頃になっても、アメリカへ大学探しの旅行なんかしなかったし、今みたいにキャンプとかに行く習慣なんてありませんでしたから、つまらなかったですね。市民プールに行って泳いでも、中学生なんて私ひとりだったりして（笑）。だから今とはかなり違いますね。ホント、意義のあることなんて何もやらずにごろごろしてました（笑）。意外と親は無関心でした。

アメリカ大好きの日本国籍の夫と、日本大好きのアメリカ国籍の私

父はアメリカ海軍の将校でしたので、航海に出ると何ヶ月も家に戻りませんでした。ですからいつも家には日本人の母と私しかいなくて、学校を離れると日本語ばかりしゃべる生活でした。あの頃はインターネットもケーブルテレビもなく、ラジオも英語はＦＥＮだけでしたでしょう。今はＣＮＮも何でもあって、ＮＨＫだって英語のニュースを流していて、どこにでも英語がついて回りますよね。昔は日本語以外の情報はなかったようなものです。チョイスがない。学校を離れると英語が聞こえなくなったわけですから、日本語を伸ばすには昔の方が良い環境だったのかもしれません。

一歳の時からアメリカで暮らしていた夫は小学校の低学年の頃に日本に戻り、神戸のカナディアンアカデミーに通いました。夫の母親は京都の出身、父親は山口の出身で、二人ともとても日本的な日本人でしたので、夫は日本語がきちんと身についたのだと思います

（筆者注・関満夫妻は誠に美しい日本語を話されます）。日本国籍の夫はアメリカ大好き、アメリカ国籍の私は日本大好き、という夫婦です。

娘たちは英語に偏りがちです。高学年からはアメリカンスクールですから（一人はまだ在学中）、アメリカ文化にどっぷりといった感じです。彼女たちに日本人としてのアイデンティティを植え付けようと努力していますが、あまり本人たちにはピンと来ていないかな、という印象が今まではありました。面白いことに、アメリカの大学で勉強している長女には、「自分は日本人だ」という意識が高まった気がします。東京で暮らしていた頃は感じなかったのに、アメリカでは質問されても答えられないといった経験をして、日本人なのに日本について分かっていないと気づいたのですね。

毎日必ず朝と夕方にテレビをつけて、日本語のニュースをかけています。子どもたちが幼い頃からの習慣です。知らず知らずのうちにでも日本語が耳に入るのは好ましいと思いますから。

言葉の習得は本人の自覚次第ですね。必要に迫られて、恥ずかしい思いをして、自分でどうにかしようと決心するのだと、子どもたちがこれくらいの歳（高校の終わりから大学）になって納得しました。親がどうのと騒いでも上手くは行かないけれど、子供が幼いうちに親が基盤を作っておくのは大切です。日本語での挨拶は、「あなたは日本人だからちゃんとしなくてはいけない」と言い続けて来ました。

日本の学校教育は、内容的にはよく分かりませんが、大学受験に関しては日本の方が公平ですね。アメリカの書類選考のやり方は不透明で、「どうしてこの子が不合格？」といった、どうしても納得できない結果が出たりします。日本の受験は一発勝負のテストの結果で、フェアと言えばフェアです。若いうちから塾に行ったりするのは気の毒だと思いますけれど。

ひとつインターナショナルスクールに欠けていて、ぜひやって欲しいと思うのは、道徳教育です。儒教的な思想、目上の人に対する態度とかしゃべり方とか。日本の文化を教える気がある学校だったら、道徳教育を加えて欲しい。それが「日本にあるインターナショナルスクール」の特性になると思いますから。

卒業生談話①
紆余曲折を経て今がある

通信制インターナショナルスクールを経て国際色豊かなキャンパスで大学生活を満喫中

K・Fさん（男性）
山梨学院大学在学中
インタビュー実施時は大学二年生

まったく英語を習わないままインターナショナルスクールへ

両親とも日本生まれ日本育ちという普通の家庭に生まれ、家の近所の普通の幼稚園に通いました。普通でない点といえば、和泉流の狂言を習っていたことと、家にテレビがなかったことかな。今でもテレビはありませんが、それで困ったこともありません。
両親は「これからは、日本人だけに囲まれて子どもを育てる時代ではない」という考えで、幼稚園の最後の年に、僕を西町インターナショナルスクールに入学させました。それまで特に英語を教わってはいなかったので、言葉の壁に戸惑いましたね。日本人のアシスタント先生がしっかりフォローしてくださったおかげで、少しずつ英語に慣れて行きました。全く歌えなかった歌が少し歌えるようになった、皆と同じように歌えるようになった、と自分で自分の成長がわかった時は、めちゃくちゃ嬉しかったです。その後はまあわりとすんなりと、流れにのっかって進んで行ったという感じです。

インターナショナルスクールでは、生徒の転入・転出が繰り返されます。西町は中学で終わるので、中学では人数が減る一方になります。仲良かった友人たちが他のインターナショナルスクールの中学に転校したのをきっかけに、僕は人間関係に難しさを感じるようになりました。何が、誰が、どういけないとかではなかったんですけどね。少数で密な教育を受けられた一方で、少数であるから閉塞感を抱いてしまった。少数がよろしくないとかではなく、その時期に僕個人が遭遇してしまった経験です。

その頃、母は僕にアメリカの全寮制高校への留学を勧めてくれました。いくつかの学校から合格をもらったのですが、今ひとつ気乗りしませんでした。そんな気持ちで留学してはいけないと感じたし、三歳から始めた狂言と十二歳から始めた長唄三味線から離れるのも淋しいと思い、自宅から通えるインターナショナルの高校に進学すると決めました。

規模の大きい学校に移ったけれど、相性というか、その学校の空気感に馴染めなくて、またしても人間関係に行き詰まってしまいました。けれど、少し前には高校留学の申し込みで親に散々迷惑をかけていたので、新たによそに転校したいと言うのも気が引けて、「授業内容や施設には満足しているのだから、もう少し頑張ろう」と自分を励ましながら通学していました。

自分にあうスタイルで学べる通信制

十一年生（日本の高校二年生）を終えた夏の終わりに、東京インターハイスクール（東京都渋谷区）に転校しました。きっかけはフェイスブック。前々からＳＮＳでいろいろなインターナショナルスクール生と繋がりを作っていて、この学校に通っていた生徒に辿り着いたのです。「通信制で、単位さえ取れば卒業できるんだよ」「もっと教えて」とやりとりを続けて、学校を訪ねて説明を受けて、インターナショナルディプロマコースに転入しました。ここでは、自分で教科書や資料を探し自分のシラバスを作り、それに沿って勉強をしなければいけないというルールがあって、今まで以上の自主性を要求されました。

この学校に在籍したのは半年です。前の学校からの単位が全部認められたので、半年間集中的に勉強したら卒業できました。生まれ月のルール（注・二六三ページを参照）にひっかからなかったのも、ありがたかったです。三月に卒業の見込みとわかった時点で、僕には国際色豊かな大学と普通の日本人が大多数の大学の、二つの選択肢があると気づきましたが（注・いずれもインターナショナルスクール出身者を受け入れるとの条件が付く）、国際色が薄い学校に進学する気は起こりませんでした。国際色は外せません。自分でいられないというか、国際的な教育のおかげでここまで育ってきたのだから、そこから離れる理由はみつからない、という思いでした。

現在は山梨学院大学国際リベラルアーツ学部に通っています。英語で授業を行う大学や学部をいくつか訪問しましたが、ここを選んだ理由は「自分のやりたいことがわかっていなくてもいいんだよ」という投げかけをされた気がしたからです。入学して、間違っていなかったと納得しました。

友だちにも恵まれて、毎日楽しく過ごしています。目下の悩みは「寮の部屋では三味線のお稽古がしづらいこと」（苦笑）。山梨に移った後も、東京の先生とスカイプでお稽古を続けています。

自分の未来に対しずっと僕は「なんとかなる」と甘くみていたけれど、それは駄目です（笑）。そういった記憶を思い出すと情けないというか、恥ずかしいです。中学・高校時代、自分が何をやりたいかわかっていなくてもいい。けれどいろいろ挑戦して良い結果も悪い結果も出して、それらを活かして、やりたいことを探すのは大切です。

国際的な環境で育って、それなりのレベルのバイリンガルになって、大学内で日本の学生と外国人留学生の間を取り持つという役割が何より楽しいですね。充実感が得られます。将来もそういった橋渡し役をつとめられたらいいなと思っています。

第7章 インターナショナルスクールの「ゆるっ!」

入学式がない！

インターナショナルスクールに入学式はありません。

一般の日本人は皆「えーっ」ですよね。欧米の学校には入学式を行う習慣がありません。ですから、インターナショナルスクールにも入学式がありません。ついでを申せば、始業式も終業式もないのでございます。

日本の学校は式典好きですよね。入学式、始業式、終業式、卒業式の他、創立記念日という行事もありました。わざわざ登校しても、十時半や十一時には下校しちゃったりして。

入学式がないなんて、式典好きの日本人には誠にがっかりです。壮絶な競争を勝ち抜き、見事インターナショナルスクールにたどり着いた我が子の姿が眩しくて、その子をこの成功へ導いた我が身もちょいとばかり晴れがましくて、在校生たちが歌う校歌を初めて耳にしながら、「これから親子ともども明るい未来が〜」と高揚しちゃえるはず入学式が……よりによって、ない！

晴れてインターナショナルスクールに合格し、入学の手続きを終えると、「初登校日は○月○日です」という知らせが届きます。親は子どもの手を引き、その日に登校させる。それだけ。

その日が「新入生家族のためのオリエンテーション」だけなのか、授業初日なのかは、学校ごとに違います。しかしオリエンテーションはあくまでオリエンテーションで、式典といった色合いはありません。普通に授業を行う日であれば、普通に授業をしちゃいます。

欧米の学校制度に馴染みのある方は、この手の学校には入学式はないとわかっています。けれど、入学にあたっての書類のどこにも「入学式はありません」とは書いていないから、一般の日本の方にはわかりにくいですね。たまーに見られます。ぱりっとした身なりの親子が、困惑した顔で校庭に立ちつくしているという姿が……。

初登校日に、校庭や校舎の一角で「新保護者を歓迎するお茶の会」などを催す学校もあります。これも決して堅苦しいものではなく、ＰＴＡの役員や一時的に手が空いている職員といった関係者がゆるりゆるりと新保護者と社交する、といった程度のイベントです。新学期はおおかた八月末ですから、教職員やＰＴＡの会長であっても、ジャケットやスーツ姿はまずいません。新入生の保護者たちはというと、欧米系はカジュアルでかまわないと知っているからそうするし、非欧米系でも事前にそうとわかっていれば、どーんと砕けて登場しちゃいます。

新入生を教室に送り込んだ後のママたち、パパたち（平日だからパパたちは少数）は、紙コップに入ったソフトドリンク片手に、歓談にふけります。しかしマイクロフォンを通じての校長や教頭の挨拶といった山場はなし。参加者は自分の都合や興味に応じて、長居をしたりさっさと帰ったりと、行動は自由です。第二子、第三子が入学といった保護者であれば、歓迎会に見向きもせずに帰宅しちゃったり。

これぞ、知っている人は皆知っている、けれど知らない人は誰も知らない（当たり前か）、インターナショナルスクール独特の「ゆるゆる感」の典型例。その実感は、初登校日にばっちり体験できます。

卒業式は必ず行われます。さすがにそれはやらなくちゃね。

注・近年新設のインターナショナルスクールの中には、入学式を行うところもあります。

ナマ足じゃ駄目なんでしょうか

インターナショナルスクールに入ってまず目に付くのは、外国人のママたちのラフな服装です。暑い時期にショートパンツに素足は当たり前、上半身はタンクトップやTシャツといったものです。寒くなればパンツ丈が長くなり、スエットやタートルネック、セーター類が幅をきかせます。足下はおおむねミュールやビーチサンダル、暖かくない時期はスニーカーでしょう。

欧米の女性たちはあまりお化粧もしません。まったくのすっぴんも驚くに値せず。バッグはビニールだったりキャンバス地のトートだったりといった感じです。毎日の送り迎えだけではなく、先生との面談にもそういった程度が普通ですね。なかには、子どもの入学考査日にラフな格好で来るという強者も。「親子面接の時はきちんとしたけれど、今日は子どもだけが見られる日だから、親の服装なんてどうでもいいのよ」と。さすがにそれは大胆！

学校に顔を出すお父さんたちの服装も同様です。仕事の前後でなければ、ショーツとTシャツにスニーカーという服装です。高給取りといった方ばかりなのに、パパたちもかなりリラックス。

インターナショナルスクールに入って来る日本人は皆さん相当な財力の持ち主ですから、高価な衣類やバッグをお持ちです。アクセサリー類も立派です。多国籍な保護者との間にちょいとしたへだたりができるとしたら、身につけるものあたりでしょうか。

しかし、へだたりが生じたとしても、そう長くは続きません。所詮、水は高いところから低いところに流れて行くもの、新学期当初はぱりっとキメていた日本人ママの多くは、その後どんどんラフに変貌（進化？）して行きます。一年も経てば、多くは外国人ママたち、パパたちとそう違わない服装に。お化粧も徐々にグレードダウンして行きます。「学校での経験値と見てくれのカジュアルさは比例する」という数式は成り立つのかも!?

その一方、お受験塾や私立学校に通わせている子どももいて、インターナショナルスクールと両方を行き来するママたちはそうはいきません。彼女たちに限っては、紺地やグレー地のスーツにストッキングにローヒールのパンプスといった服装で、インターナショナルスクールにご登場です。セレブ系と呼ばれがちな教育機関に、ナマ足のサンダルにクロップドパンツでは行かれませんね。痛み入ります。

「どうして日本の女性は、うだるような真夏でもストッキング履いていられるのか」とは、歴代の外国人パパやママたちが抱く巨大な謎です。猛暑日にストッキングを履いて歩き回るなんて、どっかおかしいんじゃないの、身体に悪いに決まっているわよ、履くのやめたら、といった意見はごもっとも。おっしゃる通り。

お言葉ではございますが、ご心配いただきありがたくは存じますが、それでも履かなきゃいけない時というのがありまして、履いてしまうのです、我が民族の女性たちは。

整列ができない！

インターナショナルスクールの生徒たちは整列が超下手です。高校生に命じてみても、日本の小学生レベルにすら達しないというのが悲しい実情です。なぜそのようであるかとの理由は簡単。インターナショナルスクールは整列の訓練をしないから！

決して難解な技術ではありません。訓練さえ受ければ、誰でも見事にやってのけられるはずです。外国人だって、マーチングバンドや兵隊さんは、綺麗な整列を披露しますものね。

整列は、一旦身につけてしまえば劇的に忘れ去ってしまうスキルではないのでしょう。やれ朝礼だ、運動会だ、始業式だ、卒業式だ、と繰り返し整列を強いられて来た我が国民の一部は、東日本大震災直後の混乱時ですらあちらこちらで整然と並んでしまい、諸外国の人々をびっくりさせました。

かくして一般的日本人は「学生だったら誰でも整列ができるでしょ」と思い込みがちですが、

なかなかどうして、インターナショナルスクールの実情を知れば、己の世間知らず感は一目瞭然です。

私がＰＴＡの危機管理委員会に属していた頃、アメリカ人ママとオーストラリア人ママを連れて、東京港区の公立小学校へ地震避難訓練を見学しに行きました。彼女たちを強く惹きつけたのは、校庭での整列の綺麗さ。無言でさっと二列に並ぶ子どもたちの姿はよほど印象的だったらしく、後日行われた見学報告の際は、整列の話に長々時間が割かれてしまったのでした。

整列の訓練を行わないインターナショナルスクールでは、努力しても「だいたい整っている感じ」といった並び方に留まりがちです。二列と言われても部分的に三人がひしめき合って並んだり、一人ぽつんと立っていたり、列全体がずれたり蛇行したりします。「前へならえ」を教わらない以上、仕方ありませんね。背の順という並び方もないので、それぞれがそれなりに綺麗に並んだところで、見映えがそう良くもなりません。そして「整列＝沈黙」との意識もなし。

このゆるゆる感は、運動会で最も顕著に表れます（運動会については次の項でたっぷりと）。「入学式、始業式、終業式やりません」のスタイルを維持するインターナショナルスクールでは、運動会で開会式も閉会式も行いません。それらがないということは入場行進もないわけで、整列する機会もない。かくて、事前の行進の練習もない。

運動会に入場行進がない……これは新入り日本人保護者にとって衝撃が走る瞬間です。「入学式やりません」に引き続いての、「またか！」のショックとでも申しましょうか。しかし考えてみれば、整列の訓練がされていない集団が入場行進をしてしたところで、恐ろしい結果しか生まないと容易に想像できます。しない方が心穏やかに違いありません。

インターナショナルスクールの名誉のため付け加えておきますが、卒業式にこうしたゆるゆる感は持ち込まれません。各学校とも生徒たちに訓練を繰り返させ、綺麗に整列の上で入場させるとの習慣が守られていれます。日本的な「一糸乱れぬ」といったレベルかどうかは怪しいところですが、なかなかぱりっとした整列が見られる（唯一の）機会です。

インター的運動会

インターナショナルスクール的びっくりの最大級と呼んでも過言ではないのが、運動会。ベテラン保護者たちの意見は、ほぼまっぷたつに分かれます。「もう慣れました」もしくは「何年たっても許せない」。

運動会はどの学校でも行っている行事ではありません。行っている学校は「せっかく日本にいるのだから、日本の形式を真似てみるか」といった気軽さで、幼稚園と小学部、せいぜい中学部までといった世代の生徒たちを参加させます。校庭が狭い学校は、公の競技場を借り切って開催します。

前項でご紹介した通り、日本的な整列をする習慣がないインターナショナルスクールの生徒たちは、運動会でも整列をしません。グラウンドに到着した生徒たちは学年ごとに集まり、校長（教頭）先生の開会の挨拶を聞くという形で始まるのが、一般的ルールです。

私の子どもたちの母校では、競技は事前申し込み制です（他の学校でも採用されている制度）。生徒はエントリーしたい項目、例えば、二百メートル走、走り幅跳び、といった競技に申し込んでおき、運動会前に登録確認書を受け取り、当日は自分の競技のみに参加するというシステムです。「今から五年生の百メートル走を行います」といったアナウンスが流れると、登録していた生徒だけがスタートラインに集合する、という流れです。

集合場所まできびきび走るというのは、せいぜい三年生までが取る行動でしょうか。それ以上ともなると、仲間同士でずるずるだらだら、移動には時間がかかります。エントリーを忘れている生徒、していないと勘違いしている生徒に至っては、マイクロフォンを通して「○○、この競技に入ってるぞ、すぐ来なさい」と呼び出しを喰らうことも。身体が空いている生徒たちは何をしているかというと、仲間の応援にかけつける、観客席で音楽を聴いている、世間話に興じている、と自由奔放。

広い競技場では、トラックでは徒競走、中央部では大玉転がしといくつもの競技が同時進行するので、スピーカーから音楽が流れるということはありません。合図のピルトル音だけが、気ぜわしく各所で鳴り響きます。真剣勝負の脇を移動組がだらだらと通過したり、「競技中です！　トラックを横切ってはいけません！」と、がなり声のアナウンスが繰り返されたり、昼になれば低学年が上級生たちより先にお弁当を食べて帰宅したりと、ゆるゆる感にもめまぐるしくアクセントがつきます。規定の体操着がなければ、各自が着用しているシャツやショーツはデザインも長さもフィットト感もすべてばらばら……うーん、日本の学校の運動会とは随分違うぞ。

学校側は「ちょっと日本のスタイルを真似しただけ、そっくりそのまま同じにやるなんて言ってません」という意識ですから、文句をつけられる筋合いではないと思っているでしょう。けれど、日本人にしてみれば、「運動会やります」と言われると、「あれやって、これがあって、ああいうふうにそれやって」と先入観に満ち満ちてしまうのです。これがいけない。

日本人の保護者たち、特にお父さんたちの中には、「整列や行進を繰り返し教え込む日本の学校は軍隊みたいでごめんだ、『全員一緒に行動』も不愉快だ」と嫌悪感を抱いている方が結構いるのですが、ここまでの「日本の常識を完璧にくつがえすほどのゆるゆる感」が満載の運動会を目の当たりにすると、諸手を挙げて歓迎という域には達せず、小首をかしげる方も。「運動会だけはねえ……」というぼやきは、毎年各所から聞こえます。

運動会の名物男

うちの子どもたちの上級生であったT君は、お父さんが日本人、お母さんが外国人という家庭の出身でした。頭脳明晰で運動神経抜群で、とんでもなくひょうきんで、その上いわゆるイケメンで、と様々条件が整った人気者でした。

毎年春の運動会では、T君の活躍が大いに期待されていました。前項でご紹介した、ゆるゆる感全開の運動会です。といっても、彼が何かの競技で特別な記録を作るというわけではありません。運動神経抜群ではあったけれど、地域的に全国的にどうこうといったレベルではなく、単に学校内で突出していたアスリートでした。

しかし、大人も子どもも皆彼から目が離せなかった理由は……服装！

運動会の当日、白組と青組（スクールカラー）に分かれた生徒たちは、自分の所属のチームがわかる服装で来場するよう、指示されます。着用のTシャツの大部分が白か青で占められていればＯＫで、ショーツが他の色であっても問題なし。靴もスニーカーであれば何でもよし。

しかし、Ｔ君は毎年「全身真っ赤」で登場したのでした……真っ赤なＴシャツとショーツそれに靴下とスニーカー……あげくには、カラースプレイ（シャンプーすればすぐ落ちるもの）で髪も真っ赤に染めて……頭には存在しないはずの赤い鉢巻も……

私が出会ったころのＴ君はすでに中学生でしたので、この習慣がいつ始められたのかは知りません。確実なのは、毎年必ずその格好であったということ。

咎め（？）に来た先生とのやりとりを翻訳すると、以下のような具合です。


「Ｔ、その格好は何だ」

「何ですか、先生？」

「その格好だ、それじゃ白組か青組か分からないじゃないか」

「えっ？……あ？……あっあっあああ、忘れてた、俺、赤着て来ちゃった！」

「髪もだ！　髪まで赤いぞ！」

「先生、今日は白とか青とかを着るんだったよね、うわあ、まったく忘れて赤い格好で来ちゃった、やばいわ〜、すいまっせ〜んっ」

この場の役者は彼ひとりではありません。ボケがいればツッコミが用意されるのが世の道理ですよね。毎年同じイギリス人の体育の先生が、「今気がついたなんてわけないだろ！」「毎年赤を着て『間違えちゃったあ』と言ってんじゃないか！」と、大真面目に突っ込みを入れてくれたのでした。

それにしても、白と青の大集団の中に混ざり込む、全身真っ赤なT君の存在感たるや……どこにいても、「あそこにTが」と気づいたものでした。まさに「運動会の名物男」。子どもたちも教職員たちも校長先生も、そして本人のお母さんを含む保護者たちもが、「おー、また今年もやってくれたわ」と微笑み合う風景は、ただでさえゆるゆる感満載のインターナショナルスクール風運動会に、これでもかといったのどかさを付け加えてくれたのでした。

T君にとって最後の運動会では六歳下の弟も巻き込み、兄弟二人して頭の先からつま先まで真っ赤で参加という、文句の付けようのないグランドフィナーレをやってのけてくれました。

ここまでくれば、偉業とでも呼ぶべきか。

毎年この運動会には、栃木県から姉妹校の六年生が合流して参加する習慣です。T君がいた頃、先方の六年生たちは揃って「あいつ、すっげー」「怒らない学校もすっげー」と、目を丸くしていましたっけ。

そう、すごいでしょ！

当番も（あまり）ない！

インターナショナルスクールの特徴のもうひとつは、「お当番がない」ことです。給食がないから給食当番はない。掃除は業者に任せるから、掃除当番もない。その上、日直も週番もない、が基本姿勢です。

例外は皆無というわけではありません。私の子どもたちが在籍したインターナショナルスクールの幼稚園では、「お弁当を食べる前のご挨拶の当番」というものがあります。お当番の二人が皆の前に立ち、日本語で「皆さん、ご用意はよいですか」と声をかけ、皆の準備を確認の後、「では皆さんご一緒に、『いただきます！』」と発声。外国人生徒も日本人生徒も、一様に日本語で挨拶をします。なぜここだけは日本語かというと、英語には「いただきます」に相当するフレーズがないからです（注・「ボナ・ペティート」というフランス語のフレーズを口にする習慣は英語圏にもありますが、これには「食物に感謝」という意味が含まれていません）。十四年在籍した私が知る限り、この「いただきますの当番」は、この学校で唯一の、皆が平等に順繰りに担当する仕事でした。

って、気がつきましたか。この最後の文章は過去形です。だって、状況は変わってしまったんですもの。

現在では低学年の間のみ、様々なお当番が施行されています。教室の壁の一角には、「クラスルームヘルパーズ」というリストが貼ってあり、責務と担当の生徒の名前が明記されています。興味深いというか、いかにもこの手の学校らしいのは、同じ学年でも担任の先生によって当番の種類が異なること（横並び意識の薄さはこんなところにも）。

ウェザーリポーターは、一日の開始時にその日の天気を発表する係。これは誰かの役に立つというより、大勢の前で話をする訓練の機会と想像します。サプライマネージャーは、授業で使用する道具類を用意する担当者、テーブルワイパーは、お弁当や特殊な作業の前後に行う机の清掃を担う係ですね。リサイクラーの仕事は、リサイクルできる品々が、無事にリサイクルボックスに到達するかのチェックでしょう。エレクトリシャン（電気技師）という項目を見つけて首を傾げていたら、「全員で教室を出入りする際、照明のオン・オフを担当します」との説明を頂戴しました。

いいなあ、これらのお当番制度。流行りというか、近年はよその学校でも多少お当番をさせるようになってきたらしいです。世話をされてばかりで育ってきた子が多いから、「お当番がまわって来た！」とはしゃいでくれる時期に、大いに働いてもらいましょう。

この学校の高学年を含め、当番制度がない環境で、本来日直や週番が担うべき仕事を誰が処理するかは、先生が自由な裁量で決定します。「○○、ちょっとお願い」もしくは「手の空いている人、協力して」と、突発的な形でボランティアを募るだけ。些細なパシリ的な用事も、体育用具や楽器類をクローゼットから出し入れするといった作業も、「ひまそうな」「力がある」「たまたま目の前に居合わせた」「そういえば、最近この子にちっとも頼んでないな」といった生徒を先生が指名する、という巡り合わせです。

こうして無作為的に協力を要請された生徒たちであっても、必ず手を差し伸べるというのが、インターナショナルスクールの清々しいところなのです。「どーして私（僕）が？」といった反論がないわけではありません。高学年ともなれば「かったるー」と白目をむく生徒はいます。けれども、くってかかるといった反抗的な態度をとる子はまずいません。

自由な裁量という状況では、「頼みやすい子」と「そうではない子」に分かれてしまうこともあるのでしょう。後者に比べ、前者はより頻繁に依頼を受けそうです。けれど生徒たちに「公平に扱われなきゃ許さん」という意識は気薄、頼みごとは「ゆるっと投げかけ、ゆるっと引き受ける」といった塩梅《あんばい》なのです。「公平に、順繰りに」、と言い張ることなくゆるゆる引き受けるというシステムも、とても好感が持てるものですね。

ちなみに、授業後にホワイトボードに書かれたものを消すのは、書いた先生本人の仕事です。

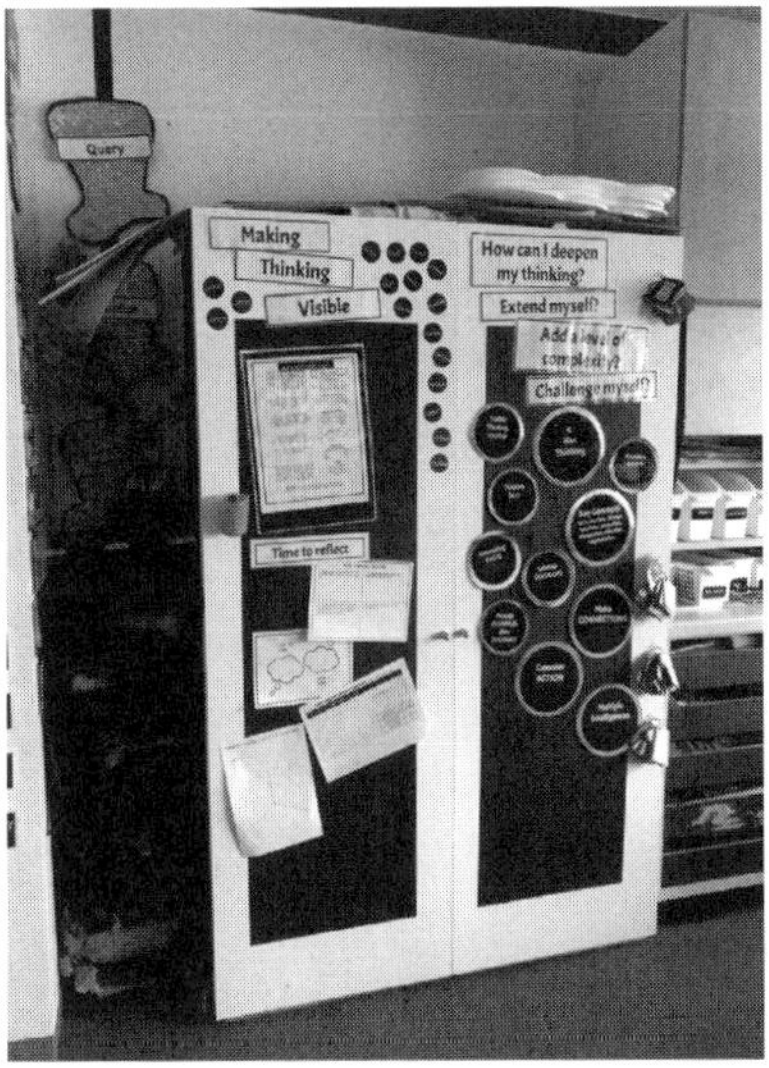

思考を深めるためのキーワードがいっぱい（横浜インターナショナルスクール）

私んちの場合⑧

先生乱入事件

インターナショナルスクール生にとって、三月は合格発表の季節です。うちの子どもたちが通った学校は九年生（日本の中学三年生）で終了しますので、最終学年は全員、高校受験を強いられます。

「大きめの寺子屋」といった雰囲気の学校でしたので、先生たちと生徒たちの距離はうんと近く、絆は強いものでした。一年間すべての行事を巡り、先生たちはこと細かく、生意気盛りの輩たちと向かい合ってくださいました。ある時はユーモアたっぷりに、そしてある時は強面《こわもて》で、いつも決してご自分の信念を曲げることなく。

進学希望先の合否を巡っての先生たちの心痛も、日本の学校の感覚では想像もつかないほどの大きさです。毎年繰り広げられる光景とはいえ、先生たちは常に真摯《しんし》に感情移入してくださいました。

うちの「超気合入りづらい子」を押し上げるのは、中学部の先生たちにとって至難の業であり続けました。決して口にはされなかったけれど、こいつの高校受験はどうなるんだ、と皆さん気が気でなかったに違いありません。

この子はアメリカの全寮制高校に入りたいと宣言していましたので、その意志を尊重し、申し込みをさせました。三月に入り、同級生たちの合否の知らせが次々に到着すると、我が家の緊張も一気に高まりました。

彼の第一志望は、唯一入りたかった学校でもありました。合格発表の日（時差の関係でこちらは夜）になっても連絡がないまま日本時間の朝を迎え、彼はもやもや感を引きずりながら登校することに。送り出す側だって、もやもや感でいっぱいでした。

数時間後、夫から仕事場に合格のファックスが届いているとの知らせが来て、すぐに中学に電話を入れました。「九年生の先生で手が空いていらっしゃる方がいらしたら、どなたでも結構です、電話をつないでください」とお願いすると、社会科のベテラン先生がつかまりました。「ミスターM、S校から合格の知らせが届きました」と報告すると、先生は電話の向こうで大興奮。こちらはあれこれと経緯を報告しながら丁重に感謝の言葉を述べようと意気込んでいたのに、「話をしている場合ではありません、電話を切ります、あなたの息子に伝えに行かなきゃ！」と、うわずった声で一方的に断線。せっかく人が一生懸命しゃべっていたのに、なんざましょう。

夕方帰宅した息子は私の顔を見るなり、「今日はまいっちゃったぜ」と、ちっともまいってなんかいなそうな顔で口を開きました。「お母さんたら学校に電話したでしょ」「したわよ、あなただって一刻も早く合格したって知りたかったでしょ」「日本語の授業中にミスターMが僕の名前を呼びながら教室に飛び込んで来て、『おめでとう！　合格したぞ！やったー！』って大声でさ、みんなからわあっと拍手されて、恥ずかしいのなんのって」「良かったじゃない、すぐに教えてもらえて」「教師なんだから、他の先生の授業止めんなよ」と嬉し恥ずかし。にやにやにやにや。

ミスターMだって、いても立ってもいられなかったのですね。いかにもこの中学の先生らしい乱入技だと、思わず笑みがこぼれました。

卒業生談話②
中国、日本、アメリカで学生生活を体験

ニューヨークの大学ではじめて日本の文化・歴史の奥深さを学ぶ

S・Nさん（女性）
ニューヨークユニバーシティ在学中
インタビュー実施時は二年生を終えた夏休み

日本で生まれて、六年生まで中国の上海で育ち、日本でインターナショナルスクールの中学と高校に通い、現在はアメリカの大学で勉強しています。もともと両親は上海で暮らしていたので、生後二ヶ月くらいで「上海に引っ越した」というより、「家族揃って戻った」という感じでした。

初めて通ったプリスクールは日本語を使うスクールで、それから中国語と英語のスクールにも通い、幼稚園（K５）からはインターナショナルスクールに移って、そこで六年生まで過ごしました。両親は私を日本人学校に入れるつもりだったのですが、「近所に歩いて行けるインターナショナルスクールがあって、雰囲気も良さそうだから、そこに通わせたい」との母の意見で、上海コミュニティインターナショナルスクールの幼稚園に入園しました。在学中は日本語の塾に通っていたので、そこで日本人学校に通う日本人の友だちを作ったり、日本文化に触れたりもしました。

活発で自由な仲間に恵まれた女子校時代

六年生修了後に帰国し、聖心インターナショナルスクールに転校して、高校卒業まで通いました。この学校を選んだのは私自身です。いくつか学校訪問をして面接を受けた結果、一番気が合いそうな印象を得たからです。女子校という環境も、ちょっとアニメっぽく可愛い制服を着ることも、最初は変な感じがしたのですけれど、両方ともすぐに馴染んで楽しく過ごしました。

周囲は皆、個性を控えることもなく、活発で自由な女子たちばかりでした。昔からこの学校はセントメリーズ（インターナショナルの男子校、東京都世田谷区）とつながりがあって、私も生徒会の一員としてダンスパーティーといった交流イベントの運営にも関わったのですが、私や同級生たちにとっては、男子への興味より自分たちのスタイルを通すという方が大切でした。共学のインターナショナルスクールに通っていた妹に、「いい歳をして、まだ『男子対女子』みたいな感じなの？」と笑われたこともありました。

日本の大学からアメリカの大学に進路変更

大学では環境学と同時に物づくりについても学びたいと希望していて、慶応義塾湘南藤沢キャンパスを第一志望に据えていました。早稲田や上智に行ったら知り合いも多く、サークル活動やアルバイトをしながら今までのテリトリーで安心した日々を送れたのでしょうが、飽き性な私には合いそうもないと恐れていました。藤沢は距離的にも離れているし、環境のリサーチも可能だろうと狙っていたのですが、ある時ニューヨークユニバーシティの Gallatin School of Individualized Study という学部を見つけて、急に方向転換をしました。慶応の湘南藤沢同様、この学部では自分でカリキュラムやシラバスを作り、教授と相談しながら独自の勉強することが可能です。その制度が気に入って、入学しました。この学部はいろいろフレキシブルで、私が苦手な理数系のコースを取らなくても卒業できるので、それも気に入りました（苦笑）。

ここでは、環境から災害、特に人災について、「人がどう災害を作り上げるか、悪化させてしまうか」を勉強しています。例をあげれば、東日本大震災時に起こった原発の問題です。このメイジャー（専攻）の他に、マイナー（副専攻）として、美術も学んでいて、指輪を造ったり版画を彫ったりと、創造的な制作にも力を入れています。

これらの勉強の他、少しですが日本についての授業も受けています。よその国や文化には客観的な見方ができるのに、日本のよろしくない点を知ってしまうと、ショックや怒りを感じてしまいます。少し美化して育ってしまったから、そうなってしまったのかもしれません。上海時代、長期の休みに遊ぶだけに帰る日本は夢の国だったし、日本で暮らしていても、インターでは日本の歴史にも社会情勢にも無関心で過ごせました。

ニューヨークに来て初めて自分の国の過去や現状に触れて、今まで無知だった自分を反省しながら、新しい知識を得ています。

卒業後の進路は考え中

やはり育ってきた環境が似ているので、インター出身の友人とはお互いを理解しやすいです。いろいろな国や文化の違いを知っていて、相手を国籍ではなく内容で判断するという見方をします。大学で仲良くなったアメリカ人の友人も、アメリカだけでなく、諸外国を見て経験した人が多いです。

卒業後については、全くわかりません。日本の災害問題について興味があるし、とりあえず日本に戻るのでしょうけれど、二年後というのは遠すぎて想像がつかないです。環境についての仕事に興味がありますが、社会進出については多少気がかりです。横並び意識が強い会社は窮屈そうですし、私を受け入れてくれなさそうな気もします。

思いがけなくニューヨークに来たのは、日本ではちょっとよそ者といった違和感を持っていたせいでしょうけれど、「私は今の私でもいいのだ」、と気づくためでもあったのかもしれません。

これから出会う人たちには、私が持っている個性をユニークとか面白いと受け止めてもらえれば嬉しいです。

第8章　そして次なるステップへ

親は大学受験とどう向き合うか

インターナショナルスクールは進学校ですから、全員が大学へ進学すると想定して授業が進められます。各高校にはカレッジカウンセラーといった名称の担当者がいて、十一年生と十二年生に個別指導を行います。保護者対象のオリエンテーションや相談会も開催します。

すべての高校が、日本の大学の入学事情に精通しているとは限りません。「北米やイギリスの学校事情には詳しいけれど、日本のはそうでもない」と打ち明けられてしまっても、そこは辛抱が必要でしょう。日本の大学に進学を希望の際は、覚悟しておくことを勧めます。

進学先が海外であれ国内であれ、インターナショナルスクール生の受験はわかりづらいものです。受験を前に、「要領がつかめない、親として不甲斐ない」と苛立ってしまっても、慌てずに対応するのが一番です。先輩たちから助言を仰ぎ、理解力を高めて行けばよろしいのです。TOEFL他の共通テストのための塾の中には、進学相談を行うところもありますから、そういった機関に頼るのも賢明です。

「普通の学校しか知らないお父さんやお母さんには、私(僕)の状況がわかるわけないでしょ」と言い放たれてしまったとしても、それはそれで良いではありませんか。子どもは幼い頃から自主性や自己責任の概念を学んできたのですから、「親は静観」が望ましい姿なのかもしれません。

大学受験にまつわる詳細は、巻末資料（二六五ページ）をご参照ください。

初夏の卒業式

初秋に新学期をスタートさせるインターナショナルスクールの卒業の季節は初夏、式は六月に行われます。唯一の式典とも呼べる卒業式は、第七章で取り上げたゆるゆる感とは無縁の、ばりっとしたイベントです。保護者も教職員の面々も、この日ばかりはばっちり盛装。自ずと、日常では決して見られない厳かな空気がただよいます。

小学校でも中学校でも、上が併設されていれば、卒業式はこぢんまりとしたものに落ち着きます。大規模に行われるのは、学校の最終学年を対象にした式ですね。

卒業生たちの服装は、学校によってキャップアンドガウンもしくは私服のどちらかと指定されます。私服の場合、スーツやワンピースドレスの他、サリー、キルト（男性が着用のチェック柄のスカート）、チマチョゴリ、振袖や紋付羽織袴といった民族衣装の着用を歓迎している学校もあります。民族衣装の着用率が高いと、会場の雰囲気がぐっと華やぐものです。

卒業生は綺麗に整列して入場します（！）。この日に向けてしっかりと練習を積んできたから、ちゃんと整列ができるのです。長年抑え続けていた整列ＤＮＡや行進ＤＮＡが騒ぐのか、日本人ファミリーに限っては、卒業生たちが入場する姿を見ただけでやたらめったらときめいちゃうという、ややフライング的な感激の瞬間です。

振袖姿の卒業生（西町インターナショナルスクール）

式典の内容は、校長先生や理事長の挨拶、卒業証書の授与、卒業生代表のスピーチ、卒業生の合唱など、さほど日本の学校のものと変わりません。少人数の学校であれば、卒業生ひとりひとりが短いスピーチを行う、校長先生が各生徒について コメントするといった習慣があります。多くの学校では、式典終了後に校庭でシャンパンやジュースとカナッペといったものを囲んでの、ミニパーティーが開かれます。国内から海外から、元在校生たちやその家族たちも集結しての、華やかなひと時が繰り広げられます。謝恩会の有無や内容の豪華さが年度によってばらつくという点は、日本の学校とは違うのかもしれません。

卒業バンザイ！（アメリカンスクールインジャパン）

少々大袈裟に言ってしまえば、インターナショナルスクールにとって卒業とは、「それまで毎日一堂に会していた面々が世界中に散る」というターニングポイントです。実際、留学先だけでも、アメリカ、カナダ、イギリス、スイス、オーストラリアといろいろですし、外国人の生徒はほぼ全員が日本を去りますから、散らばる先は数え切れません。こらえようと努めても、各自の感情は劇的に高まります。

初夏の強い日差しの中、若者たちも保護者たちも教職員も、笑顔で涙で汗まみれでハグを交わし合い、おのおの次の活動の場へと旅立って行きます。

右手にエントリーシートを、左手にテストスコアを

人間の親の中でも母親というものは単純過ぎるのか、子育てに翻弄され続けていると、「子どもは永遠に学生でいる」という錯覚に陥りがちです。しかし現実は大違い。身長は伸びきった、にきびのピークはとっくに越えた、となると、子どもに残された学生という時代は終わりに近づき、目の前には「就職」の二文字がちらつき始めます。

インターナショナルスクール生の子どもの就職活動を前に、多くの親は非力です。立ち入ろうにも何もわからない、といったところでしょう。もどかしいことしきりです。

「インターナショナルスクール出身者が就職活動を始めるにあたり、準備しておくことは何か」との問いに、多くの経験者たちはひとつの共通した答えをくれました。それは、「英語・日本語両方の実力を示すデータを用意しておくこと」。

バイリンガルと主張しても、能力はピンからキリまであるわけで、過去に苦い経験をした企

業などは、その手の人材の採用に腰が引けがちです。日本語力の判定はなんとかなりそうでも、英語が堪能ではない相手に自分の英語の堪能さを証明するのは、至難の技ですね。

「自分の語学力を理解してもらうための客観的なデータを提出できれば、そのあたりの課題がクリアしやすくなる」が、就活経験者たちが与えてくれた助言です。主観が絡む以上、常識度や協調性を数値化するのは難しい。けれど語学力はできる。したがって、大学を卒業する前に、日本語検定、漢字検定、TOEFL、TOIECといったテストの一切合切を受けておくことを勧める、ということです。

社会人になったらこれらのテストは不要かというと、そうでもありません。今は転職が当たり前という時代ですし、これからもその傾向は続くでしょう。就職した後も時折TOIECくらいは受け、将来の展開や英語力の保持を目指すよう仕向けてはいかがでしょうか。

そして社会人になる

「インターナショナルスクールで学んだ子どもには、海外で大いに活躍して欲しい、深く根を下ろして、日本と諸外国との架け橋になって欲しい」と、多くの日本人保護者は願うのでしょう。周囲の人々がそういった期待を抱くもの自然ですね。しかし、卒業生たちの実情を眺めると、必ずしもそうは展開しないとわかります。

何処の国も、自国民の雇用を最優先しなければいけないという事情があります。ですから、日本人が自国以外で働くことを切望しても、国籍という障害物が立ちはだかります。ワーキングホリデーやインターンシップといった期間限定の制度は利用可能でも、そのまま正規の就労ビザを貰えるとの期待はできません。特殊技能や稀有な免許を持ってはいない、いわゆる一般の学士や修士の修了者にとって、海外での就労は容易ではないのです。

海外での就職は無理と否定するのではありません。「新卒でいきなりは難しい」と説いているのです。「国内で職に就き社会人としての基礎を固めた後、海外進出を図る」というのが、現実的な策です。実際、海外を狙う日本人インターナショナルスクール出身者は、まずは国内の企業（外資系やＩＴ系が多い）で経験を積み、その後計画を練り実行するという展開を遂げています。

インターナショナルスクールを卒業後、海外の大学に進学した留学生は、在学中に「キャリアフォーラム」という就職フェアに参加します。一九八七年にアメリカのボストンで始まったイベントで、近年ではロサンゼルス、ニューヨーク、ロンドン、東京といった都市でも開催されるようになりました。二日もしくは三日間という日程で、日英のバイリンガルを雇いたい企業が一堂に集まり（参加数は開催地によって違いあり）、就職希望者たちを待ち受けていてくれるという、学生たちにとって非常にありがたいイベントです。事前に申し込みをしておけば、フェア開催中にいくつもの企業と面接を行うことができ、内定もしくは後日の再会といった約束が貰える可能性も期待できます。

フォーラムに参加できるのは、卒業見込みの現役学生とは限定されてはいません。転職希望者を求めている企業もあります。「日本語力も英語力も文化的な適応力も十分」と判断される人物であれば誰でも、フォーラムへの参加の条件を満たしていると見なされますから、インターナショナルスクールを卒業後に日本の大学へ進んだ学生も、留学生と同じように歓迎されます。

「国際化著しい今の時代、これからは有能な人材を外国からも迎え入れ、自社のグローバル化を推し進めたい」といった日本企業の重役さんの発言を時折耳にしますけれど、インターナショナルスクール出身の優秀な日本人も積極的に雇っていただきたい、と常々思います。単にバイリンガルであるというだけではなく、彼らの思考の柔軟さや味わいの深さは、他に類を見ないものなのですから。

私んちの場合⑨

はじめてのしゅうかつ

姉の体験

すべての学業を終えて上の子がアメリカから帰国したのは、二〇一二年の初夏でした。もともと「ひとりでできるもん」という主義でしたので、就職活動もひとりで黙々とこなして行きました。それでどうだったかと言うと、一年経っても決まらない……内定がもらえない……。

正しいルートを歩んではいました。留学中は三年続けてボストンキャリアフォーラム（二四六ページを参照）に参加して、帰国後はSNSや就活サイトの情報や先輩の助言を取り込み、希望する企業にアプローチをかけていました。夏にスタートだったし、やはり異色な出身が問題だったのでしょう。

ある企業の試験では、そう難しくはない数学の文章問題が与えられました。日本語が難解なせいで正解率が低く抑えられてしまい、「利口でないと決めつけられたみたい」と娘は意気消沈。よその企業の最終面接では、彼女の国際性に胸を踊らせ質問を続ける人事担当者と、そっぽを向いたまま黙りこくる社長が並んで座るという、何とも気まずい光景が展開。「こりゃ不採用に決まっているでしょ」と気力が萎えたとか。

それらに類似した出来事を幾つか経験した後、日本社会の閉鎖性に行き詰まりを感じたり、自分の経歴がちっとも評価されないという現実に愕然としたりで、娘は「お休みタイム」を設けると決定。しばらくの間活動はアルバイトのみとし、今後の戦略を練り直す時間を設けました。

就活を再開させた娘のもとについに内定が届いたのは、卒業から数えて十五ヶ月後。しかもなぜかいきなり二社から同時に。「何も二社同時でなくてもいいじゃん」と、誰より先にケチをつけたのは私です。感謝知らずでした。すみません。

選んだのは、その頃知名度急上昇中の、料理投稿サイトの運営会社でした。娘のような出身の日本人社員はいなかったけれど、外国人エンジニアは多々働いているという職場でした。異質というより面白いと評価され、「日本語の間違いもキャラのうち」と受け止めてもらえる上司や同輩に恵まれ、後には社内で結婚相手もゲットしたとは、長い苦難の道を歩んだ甲斐があったものでした。

大学での専攻は都市計画。食に興味があるとは知っていたけれど、職業につなげたとはちょっと意外でした。「ところで、どうしてその会社を志望したの？」との問いに娘は、「家から歩いて行けたから」。

ひょえ〜。

弟の体験

長く留学で留守にしたのが功を奏し、いつの間にかこの子も「ひとりでできるもん」主義者に昇格していました。おかげで親たちは今回も（円満に）戦力外通告を受け、就職活動を静観するはこびとなりました。

始めたのは二〇一六年の六月。多数の大手企業が既に募集を終えた後という時期で、遅れての就活開始は不利だと気づかされました。一生懸命動き回ったけれど、フル稼働したという充実感を得たかは、何とも微妙なところ。応募は締め切ったとの返答を喰らう都度、「就活を成功に導くコツは『タイミングよく動く』なんだよな～」とぼやいていました。

息子は通常の就活サイトの他、就活日記といった投稿サイトを細かくチェックしていました。ここでは匿名での個人や企業の動きや感想が読めるので、戦略を立てるヒントが貰えるのです。いつもやたら長々とコンピューターを覗いているな、とこちらは一抹の不信感を抱いていたけれど、やつはそういったサイトを検索しながら、「ほうほう、ふむふむ」、と分析を重ねていたのですね。ＳＮＳに疎い世代は、びっくりするばかり（ひょっとして私だけ？）。

姉が四苦八苦したのを記憶していた弟は、降り注ぐ不採用の告知を深く気に留めることなく、野太く前進を続けました。なかでも苦労したのは、エントリーシートを書き込むという作業だったとか。応募した企業の約半数はオンラインでの提出でしたが、ほぼ同数が手書きを要求したとは想定外。「どこの学校の出身であれ、字が綺麗でなければ好印象を持ってもらえないよね」と反省するも、時すでに遅し。

就活開始から半年後、雑貨、衣料、飲食と幅広く販売・運営する会社に就職が決まりました。面接では受けた学校教育については一切質問されず、日本の学校の出身者たちと全く同じ扱いをされたそうです。それって、ありがたいやら気が抜けるやら。

悔いが残ったのは、「君の弱点は日本語かな」と、某大手企業の人事担当者に尋ねられたときの経験。緊張とショックのせいで、返答がしどろもどろになってしまったそうです。「あのやりとりのせいで不採用と決まったとは思わないけど、悔いが残るんだよ、今の僕なら何かぱぱっと切り返せるのになあ」。うん、母も悔しい。

この「君の弱点は日本語かな」という台詞は常套句とは言わないまでも、インターナショナルスクールや海外の学校の出身者に向かって時たま投げかけられるらしいです。後続の皆々様、面接に出向く際は名返答のご用意を。

卒業生談話③

インターでは世界で生きていくための技を学べたと思う

日本での就職を見据えて、日本の大学を選びました。そして、またいつか海外へ……

K・Sさん（男性）

国際基督教大学卒業
インタビュー実施時はコンサルティング会社に勤務四年目

受験勉強ばかりの日本の教育よりインターナショナルスクールへ

母の意向により、三歳で都内のインターナショナルスクールのK３に入園しました。親族をはじめ周囲からは、反対の声があったそうです。今でこそメジャーな感じになったインターナショナルスクールですが、私が幼かった頃はインターの存在自体がマイナーだったし、通常の日本の学校扱いでもありませんから、反対の声が上がるのは仕方がなかったと想像します。それでも私を入園させたのは、母にはインターナショナルスクール出身の友人が多く、その方々の自由な発想や、仕事とプライベートをしっかり区別している生き方に共鳴していたからという理由です。同時に、日本の学生が受験勉強に多くの時間を費やすのはもったいない、息子にはいろいろな経験をさせたい、と考えてもいたそうです。

インターナショナルスクール特有の、生徒が授業に参加して学ぶ形式はとても効果的だと思います。何より参加型の授業は面白く、特に小学校では、先生が生徒に興味を持たせるために、様々に試行錯誤しているのが感じられました。

親の仕事の都合で、四年生で地方のキリスト教系のインターナショナルスクールに転校し、卒業までの九年間を過ごしました。それまで夏休みには毎年海外のプログラムに送り込まれて、そこで友だちを作ったりしていたので、新しい環境に馴染むのはそう難しくなかったですね。この学校には、毎日一時間程度の聖書の勉強がありました。慣れるまで少々時間が必要でしたが、聖書の勉強は、個人的・社会的な宗教観を理解する、世界史やヨーロッパの芸術の背景を理解する、という点で後々役立ちました。

海外に行った際、自分の意見をはっきり伝えることはとても重要です。日本では「言わなくても伝わる、感じる」という文化がありますが、世界ではそれが通じないということを理解しなくてはいけません。「ごめんと言ったら負け」「向こうが悪い」と主張する国や人は多く、その中でも生きていける術をインターで学べたと感じます。

日本の大学に入学し、留学も経験

大学は、初めから日本でと決めていました。理由は様々ありますが、最も重要視したのは、日本の新卒採用制度です。中途半端な海外の学校へ行くより日本の大学に行った方が、大手の会社に入社しやすい、ひいては将来の転職に有利であろうという点を見据えていました。国際基督教大学を選んだのは、専攻の自由度、交換留学先の選択肢、オープンキャンパスに行った際に受けた好印象、といった理由からです。

日本語習得のために特に努力はした覚えはありませんけれど、「日本語と英語を混ぜてしゃべらない」という方針は守りました。日本人のインター生に馴染みのある方はご存じでしょうが、一部のインター生には、日本語と英語を混ぜてしゃべる習慣があります。私はそれをしない、英語の時はすべて英語、日本語の時はすべて日本語、と決めて実行しました。混ぜてしゃべることは悪くはないけれど、インター生固有の習慣でしかないし、日本語の成長の妨げにはなると思いましたから。

三年生の一年間は、交換留学生としてカリフォルニア大学ロサンゼルス校（ＵＣＬＡ）に通いました。国際基督教大学でビジネスマネージメントと生物学を専攻していたので、留学先でもこれらのエリアを学びました。一年間という限定の留学だったので、学ぶことにも遊ぶことにもどん欲に過ごしました。

夏のインターンシップを通して現在の勤務先から内定を貰っていたので、就職活動においてあまり苦労はしていません。就職活動は一通り経験しました。難関と感じたのはウェブテストです。ここでは、インター生にとっては外国語といっても過言ではない日本語で、日本の受験戦争で勝ち抜いてきた人たち相手に、点数を競わなくてはいけません。インター出身の学生には国語の試験が難しく、ウェブテストさえ通れば面接は問題ないのに、ここで弾かれてしまったケースが多かったようです。ウェブテストの点数がすべてではありませんが、ここでの語学力の弱さがインターナショナルスクール教育のデメリットであることは、確かだと思います。

卒業後は外資寄りの会社に就職し、リスクコンサルティングの部門に勤務しています。仕事には波があって、きつい時期はうんと遅くまで拘束されますが、七時に帰れるような時期もあります。

今後については、転職して新しい経験を積みたい、海外で大学院に通ってみたい、働いてみたい、といろいろ思いを巡らせているところです。これから時間をかけて、模索して行こうと思っています。

IB の修了試験に不合格だった場合、または点数が大学から要求されていたものを下回った場合、大学はその受験者の合格を取り消す権利があります。IB コースに在籍しながらも、SAT、ACT を要求する大学にそれらのスコアを送って受験した場合は、IB の結果が合格の取り消しにつながることはありません。

・TOEFL (Test of English as a Foreign Language)

英語を母語としない生徒が英語圏の高校・大学に進学を希望する際、TOEFL のスコアを提出させられます。TOEFL は、「読む・聴く・書く・話す」の4つの項目に分かれていて、受験者は1回の受験で4つすべてをこなします。日本では年間に 30 回ほどテストの日程が組まれていて、コンピューターを使用して受験します。

注 1：近年北米では、共通試験を受けなくても受験可能な大学の数が増えてきました。今後この傾向が広まるかは、まだ様子を見る必要がありそうです。

注 2：イギリス式の教育方法を取り入れている高校は、上記とは異なるイギリス独自の受験準備を行います。

には「12 年生後半の成績が著しく低下した場合、大学はその生徒の合格を取り消す権利を持つ」と通告する習慣があります。

・国際バカロレア資格：International Baccalaureate

IB 資格取得のためには、11 年生と 12 年生（日本の高 2 と高 3）に在籍中、「IB コースのディプロマプログラム」という決められたカリキュラムを修了するよう、義務づけられています。カリキュラムには六つの教科（英語、数学、理科、社会、外国語、芸術）の他に、「知識の理論（Theory of Knowledge）「教科外活動 CAS: Creativity, Action, Service」というプログラムが含まれます。前者は調査する力、ディベートやプレゼンテーションをする力を養います。後者は芸術性、スポーツ、社会奉仕といった活動が求められます。IB 資格取得には、最後に論文（Extended Essay）の提出と各教科の修了試験を受けなくてはならず、決められた水準以上の成績を納めた受験者のみ「IB 資格を取得」と認定されます。不合格の場合は、「コースを修了した」という認定に留まります。

IB コースは 2 年制ですので、10 年生終了時にはその申し込みを済ませ、11 年生の新学期から学習を始めます。「選択肢なく、生徒は全員 IB コースに進む」との方針を持つ学校もある一方、選択肢を与えている学校も、IB コースを設置していない学校もあります。IB を希望であれば、IB コースをオファーする高校に進学する必要があります。

IB コース受講者の受験スケジュール（国によって日程に違い有）

・10 年生修了時：IB コースの申し込みを決定する
・11 年生～ 12 年生：IB コースに沿って学習する
・11 年生修了時まで：受験校リストを作る
・11 年生修了後の夏：学校訪問をする（必要・希望があれば面接も）
・12 年生の 12 月まで：受験書類を希望校に送る
・12 年生の 12 月～ 4 月：合否の通知が届く（「IB 資格テストで何点以上」と条件がつく場合あり）
・12 年生 5 月末：IB 資格のテストを受ける
・12 年生終了後の夏：IB 資格のテストの合否と成績の通知が届く

考慮します。

SAT と ACT の両方を受ける必要はありませんし、両方のスコアを提出したからといって合格のチャンスが高まりもしません。どちらを受けるかは受験者の判断に任されます。両テストとも、成績を上げるための参考書が出回っているほか、日本国内に専門の塾もありますので、自習する機会には恵まれています。学校での授業ではこれらのテスト対策にたっぷりと時間を割いてはくれませんので、長期の休みに専門の塾の集中講座を受けておくのが賢明です。これらの他に、TOEFL の成績向上のための塾も存在します。

・SAT

SAT は Reasoning Test と Subject Test と呼ばれる、二つの独立したテストで構成されていて、一度の機会にどちらかひとつを受けることができます。前者では読解、英文法＋作文、数学の三つの項目すべてを受け、後者は英語、歴史、社会、数学、理科、外国語のうち、大学が指定する科目を受けるという仕組みです。1回に最大で3科目受けられます。

・ACT

英文法、数学、読解、理科、作文、の 5 項目を受けます。

北米式の受験者のスケジュール

・10 年生の初め～終わり頃：PSAT(SAT の足慣らしといったテスト）を受ける
・11 年生の初め～：SAT または ACT を受ける
・11 年生後半：受験校リストの作成
・夏：学校訪問をする（必要・希望であれば面接も）
・12 年生の初め：SAT または ACT を受ける最後の機会
・1 月初旬まで：申し込みに必要な書類をすべて送り終える
・3 月：合否の通知が届く

この受験法では、1月までに収めた成績が評価されます。書類を送りつけた後の生徒は気が緩んでしまう傾向があるので、合格発表の際、多くの大学

■共通テスト

アメリカとカナダの大学進学のためにはSAT もしくはACTと呼ばれる共通テスト（後述）を、北米以外の大学の進学のためにはIB資格（同）が必要と言われてきましたが、最近では北米の大学もIBを採用するようになりつつあります。日本の大学に進学の場合は、大学によって受験方法が様々異なりますので、注意が必要です。

進学の選択肢は概ね五つに分かれます。

1) SATまたはACTのスコアを提出して北米の大学に進学する
2) SATまたはACTのスコアを提出して日本の大学に進学する
3) IBを受けて海外の大学に進学する
4) IBを受けて日本の大学に進学する
5) 指定の試験を受けて日本の大学に進学する

海外留学の場合、多くの学校は英語が母語ではない志願者にTOEFL（Test of English as a Foreign Language：後述）のスコアも要求します。

SAT (Scholastic Assessment Test)　と ACT (American College Testing)

SAT とACTには、特別に修了を義務づけられている科目も用意された活動もなく、テストのスコアのみが評価の対象となります。生徒は在籍する高校が定めるルールに沿って、英語、数学、理科といった教科の単位を取得します。

高校でIBコースを受講していても、北米の大学を受ける場合はSATかACTのスコアを要求されるケースもあると、受験生は心得ておく必要があります。

SAT もACTも毎年数回世界中で実施されていて、随時オンラインで申し込みが可能です。毎回テスト内容は変わりますが、幾度か受けると点数が上がるという傾向があるので、多くの生徒は二度三度と繰り返し受験します。後のスコアの方が前に受けたものより下がってしったというケースでは、大学は受け取ったすべてのスコアのうちの、最も高いものを最終的な成績として近年急速に数を伸ばしているのが、インターナショナルスクール出身者を受け入れる日本の私立高校です。こちらも受験資格や試験の規定が学校によって異なります。

留学の場合、多くの学校がTOEFL(トッフル：Test of English as a Foreign Language：後述)と呼ばれる共通テストのスコアの提出を求めます。アメリカの学校に進学の際は、SSAT（エスエスエイティ：Secondary School Admission Test）と呼ばれる共通テストのスコアが必要です。両テストとも日本国内の各地で年に複数回実施されています。

③大学進学

インターナショナルスクールから海外の大学を受験する際は、通常ふたつの方法のうちのひとつを選択します。

① SAT（エスエイティ）または ACT（エイシーティ）を受ける
　間口を狭め、集中した学問的知識が特徴

② インターナショナルバカロレア（通称 IB）を取得する
　幅の広い知識・見識・教養の基盤固めと高いリサーチ力が特徴

日本的な入学試験というものはありません。気分的にはやや楽かもしれませんが、上にあげた共通テストのスコアや内申書といった「日頃の行い」「長年の蓄積」が大きくモノを言いますので、決して楽観せず、それはそれで厳しい選考であると心得ておくべきです。

10年生（日本の高校1年生）の半ばともなると、インターナショナルスクール生は大学受験に向けての準備を始めます。各学校には進学相談のカウンセラーがいて、個別のサポートが受けられます。

受験に際し必要なのは、願書、論文、内申書、推薦状数通、共通テストのスコア、受験料です。面接は、必要、好ましい、不要、と学校によって学部によって違いがあります。

この「生まれ月の壁」には様々な意見が寄せられますが、現状では従うしかないもようです。

■インターナショナルスクールでは同じ学年でも、日本の学校に転入すると学年が変わる例

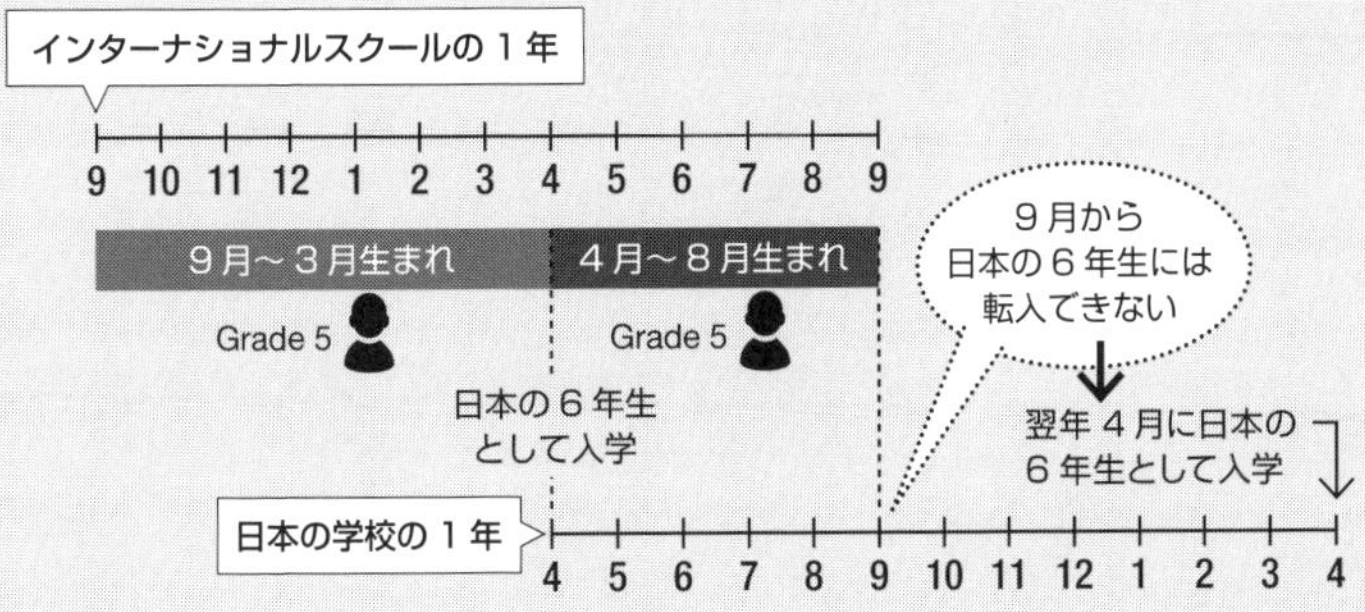

②高校進学

インターナショナルスクールに通う日本人中学生にとって、高校進学は以下の選択肢が考えられます。

＊ 現在通っている中学に併設されている高校に進学する《エスカレーター式》
＊ 現在通っている学校は中学で終わるので、別のインターナショナルスクールの高校に進学する《編入試験を受ける》
＊ 併設の高校はあるけれど、別のインターナショナルスクールの高校に転校する《同》
＊ インターナショナルスクールの学生を受け入れる日本の高校に進学する《入学試験を受ける》
＊ 海外の高校に留学する《共通テスト（後述）を受ける》

編入試験の方針や実施の時期は、各インターナショナルスクールによって異なります。

中学や高校で日本の学校に移るつもりのインターナショナルスクール生の多くは、塾通いをします。ゆくゆく子どもは日本の学校に移すと最初から決めているのであれば、同じインターナショナルスクールでも、外国人向けと定義づけている学校より、バイリンガル育成を目標に掲げる学校を選択するのが賢いのかもしれません。

日本の学校に送り込む上で考慮に入れておかなければいけないのが、生まれ月による進学時期の違いです。

秋入学のインターナショナルスクールは、「学年は９月から８月の生まれで構成」と定めています（一部に例外あり）。インターナショナルスクール生が日本の学校に進学の際は、「学年は４月２日から４月１日の生まれで構成」との国の法律に合わせるよう、強要されます。そうなると、「9月から3月生まれは、在籍の学年を３ヶ月残して転出」「4月から８月生まれは、6月に学年を修了後、翌年の４月まで待って次年度に入学」という調整を余儀なくされます。

前者のケースは、つつがなく移行が可能な一方で、後者は対応策が必要です。

６年生・９年生を終了後、通っていたインターナショナルスクールに在籍し続けられるのであれば、選択肢はふたつあります。

１、次の学年に進み、翌年４月に転校（入学）する

２、９月から地元の公立校に転校し、翌年４月に転校（入学）する（国際科の受験資格は保持可能）

通っているインターナショナルスクールに中学がないというケースでは、他のインターナショナルスクールに転入するか、公立校に移ることになります。

通っているインターナショナルスクールに高校がないというケースでは、単位制高校に頼るという方法があります。インターナショナルスクール生を受け入れる学校では、日本の中学２年生あたる学年を修了していれば入学可、というところもあります。そのような短期間のためにそういった動きをするのは気がひけるのかもしれませんが、浪人生活をするよりは安心かつ賢明でしょう。

巻末資料　高校進学と大学受験

①進路

過去において、日本人のインターナショナルスクール生は、大学終了まで英語で学び続けるのが常でした。近年になって日本の学校が「国際科」といった受け入れ体制を備えるようになり、大学から、または中学や高校から日本の学校に移るというルートが確立され、現在に至ります。

■インターナショナルスクールに通う場合のさまざまなルート

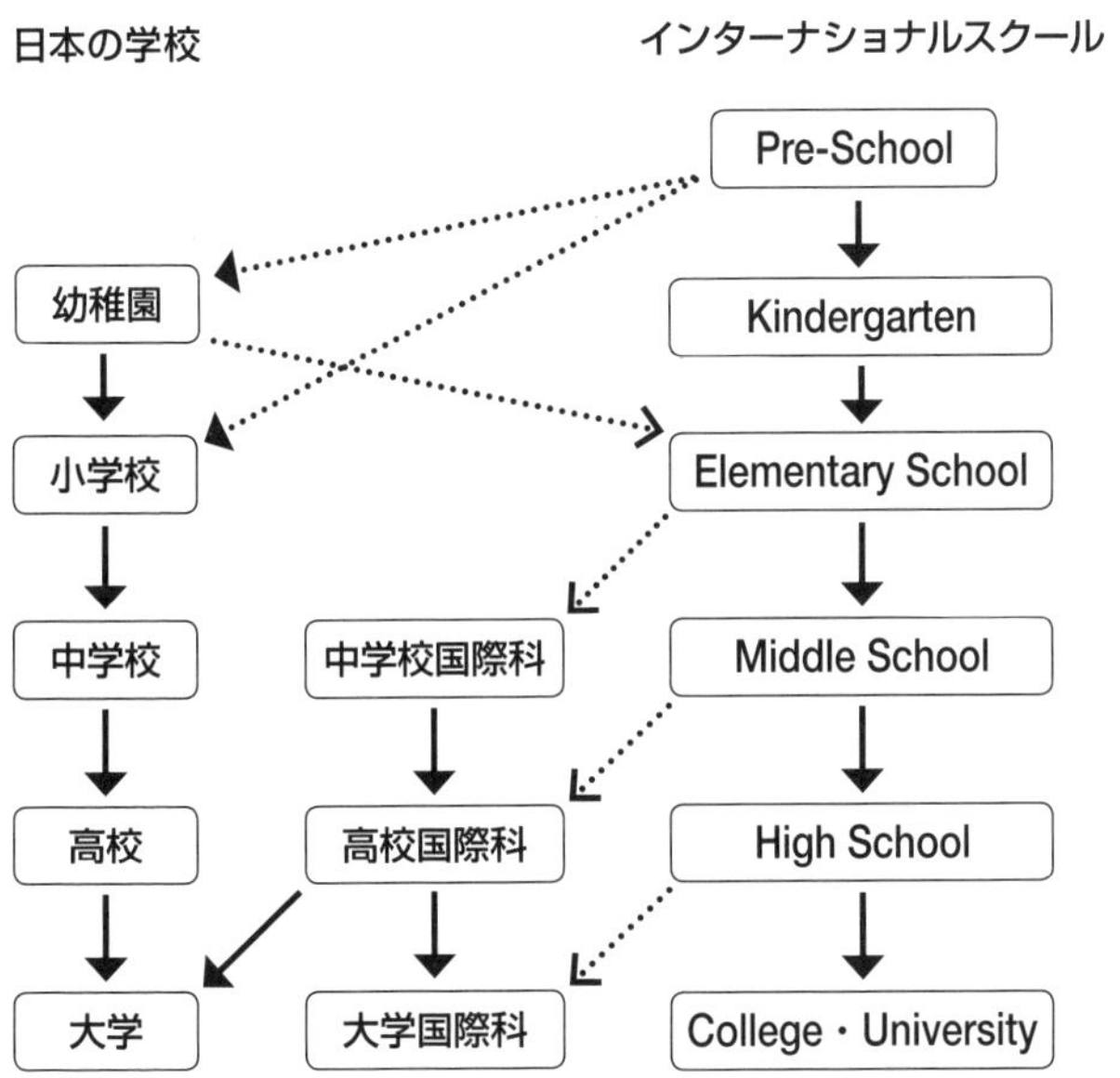

改訂新版あとがき

『和魂洋才』こそ日本人インター生の心意気」と締めくくった初版の刊行から丸六年という年月を経て、今回の改訂新版が誕生いたしました。その間、インターナショナルスクール社会は激変とも呼べるほどの進化を遂げました。

それまでは一部の大都市にしかなかったプリスクールやインターナショナルスクールが、様々な特性を従えて全国各地に誕生し、着々と根を張り巡らして行っています。新設や増設の告知も、どしどし聞こえてきます。後続組に負けてはいられぬぞと、老舗の学校たちも改革の波を起こしています。

我が家の二人の子どもは学業を終え就職し、転職も経験しました。なかなかなドラマが展開されました。そしてまたしても、母は彼らの体験を遠慮なく公表しました。

執筆を進めていた二〇一九年四月中旬、衝撃的なニュースが舞い込みました。「経団連 通年

採用に移行 新卒の一括採用を見直し」との発表です。五月卒業の大学生たちにとって、長年待ちに待った朗報です。今頃遅いと憤慨した関係者も多かったようですが、ここはありがたいと感謝するのがよろしそうですね。これから社会に羽ばたいて行くインターナショナルスクール生たちに、幸多からんことを祈ります。

時代遅れの遺物と化しつつある私ですが、インターナショナルスクールの教職員、保護者、在校生、同窓生ファミリーやお友だち、そして日本の学校の保護者の方々のご協力のおかげをもって、この改訂新版を完成させることができました。皆様に厚く御礼申し上げます。

この拙著が、読者の皆様のお役に立ちましたならば、誠に光栄でございます。

二〇一九年七月吉日

平田 久子

平田久子（ひらた　ひさこ）

東京生まれ。義務教育を日本で、高校・大学教育をアメリカで受ける。帰国後はアフリカにて、難民対象のボランティア活動に従事。日本での専業主婦の日々を経て、近年は日本の伝統芸能、伝統工芸についての著述や講演を日英両語で開催している。一男一女を西町インターナショナルスクールに入れ、PTA 活動も含め保護者として積極的に関わった。趣味は落語鑑賞。東京都在住。

改訂新版
子どもをインターナショナルスクールに
入れたいと思ったときに読む本

2013 年 8 月 1 日　第 1 版第 1 刷発行
2019 年 8 月 1 日　改訂新版第 1 刷発行
著者：平田久子

表紙イラスト：：山口マナビ
本文イラスト：すぎうらゆう

編集協力：王身代晴樹、高橋清貴、佐野悠介、岡山恵介

取材協力者（五十音順・敬称略）：
以下の方々のご厚意に深く御礼申し上げます。

Joseph Amato　Philippe Eymard　上田かれん　大橋桃子　川崎由起子　川端宏美　清田欧輔　清田順稔　清田ゆきこ　Ellis Guo　栗原福太郎　栗原美幸　坂井喜和子　坂井優美　酒見南帆　酒見美恵　Shumway 千賀子　Gabriel Jewel　関満 Grace　土屋いづみ　Nancy Tsurumaki　中山真由美　Krysta Nishizawa　野呂彩也子　平沢順子　Rebecca Furcron von Rentzell 賢　深井信子　Sarah Brauer　前田郁代　Luke MacQueen　Mackey 譲内　Mackey 理佐　丸橋恵美　宮崎浩二　宮崎稔子　宮脇淑子　村田学　John Montgomery　Kiki Jiang Yamaguchi　Kacie Leviton　Lemkuil 里美　Rachel Wang

発行人：坂本由子
発行所：コスモピア株式会社
〒151-0053　東京都渋谷区代々木 4-36-4　MCビル2F
営業部：TEL: 03-5302-8378 email: mas@cosmopier.com
編集部：TEL: 03-5302-8379 email: editorial@cosmopier.com
http://www.cosmopier.com/
https://e-st.cosmopier.com
https://www.e-ehonclub.com/

印刷：シナノ印刷株式会社

本書のご意見・ご感想をお聞かせください！

本書をお買い上げいただき誠にありがとうございます。
今後の出版の参考にさせていただきたいので、ぜひ、ご意見・ご感想をお聞かせください（PC またはスマートフォンで下記のアンケートフォームよりお願いいたします）。

アンケートにご協力いただいた方のなかから抽選で毎月 10 名の方に、コスモピア・オンラインショップ（https://www.cosmopier.net/shop/）でお使いいただける 500 円分のクーポンを差し上げます。
（当選メールをもって発表にかえさせていただきます）

アンケートフォーム
https://forms.gle/MWAGiNXidyz8TpWc9